항아리 속 바다에 꽃잎 배를 띄우고

김명희 수필집

susukeki

항아리 속 바다에
꽃잎 배를 띄우고

초판 1쇄 발행/2025년 12월 10일

지은이/김명희
펴낸이/백선욱
펴낸곳/도서출판 수수께끼
등록/제393-2024-000041호 2025년 12월 10일
주소/경기 안산시 단원구 원포공원2로 6, 위너스오션파크 1138호
TEL/010-9367-0143
E-mail/sunwuk143@daum.net

ISBN 979-11-990220-4-1   03810
가격 15,000원

항아리 속 바다에 꽃잎 배를 띄우고

김명희 수필집

susukeki

마당까지 내려온 산그림자에 누워 오래된 숨결을 듣는다.

글을 쓴다는 것은

내 안의 항아리 속 바다를 건너는 일.

그 바다에는

기억의 파도와 잔잔한 일상의 향기가 뒤섞여 있다.

출렁임이 찾아오면 물결 위에 작은 꽃잎 배 하나를 띄운다.

누군가의 마음에 닿아

잠시나마 일렁이는 바람이 되고 싶은 바람으로.

나의 글은 지독하게 외로운 항해 기록이다.

바람은 늘 밖에서 불어오고,

지나간 자리는 희미한 향기만 남는다.

바람이 잦아들어 한자리를 맴돌 때면

그리움과 회한을 태워 얻은 동력으로 아주 천천히 나아간다.

함께 흔들린 인연도 남김없이 작은 꽃잎 배에 싣고서.

내 인생은 멀리 있는 바다가 아니라,

항아리 속 바다의 물결을 따라 흐른다.

멀어졌던 기억은 애써 떠올리지 않아도

잔잔한 바다의 숨결처럼 조용히 되돌아온다.

삶의 물결위에 작은 꽃잎 배 하나를 띄우고

오늘도 나는 돌아온 기억의 향기 속에 머문다.

2025년 늦가을
김명희

Contents

2부   물결 위에 서다

Contents

4부 향기 속에 머물다

그림자 속에 갇히다

비밀의 숲

　큰비가 지나갔다. 여기저기 없던 물길이 생기고, 이리저리 쓰러진 풀숲은 쓸려온 모래가 올라앉아 작은 무덤이 되었다. 사라진 길을 더듬어 새참을 내가는 아이는 해찰 중에도 찰랑거리는 양은 주전자와 고추장 종지, 그리고 멸치 한 줌이 담긴 보꾸러미를 꼭 움켜쥔다. 쏟아지는 햇살에 갇혀 어리둥절해 있던 생명은 자박자박 소리와 함께 다가온 아이의 발길에 화들짝 놀라 달아난다. 아이의 찡그린 이마에 이슬이 반짝인다.

　황새골 밭은 마을 뒤편으로 이어진 들길을 건너 야트막한 산 중턱에 숨어있다. 우거진 숲 사이로 늘어진 오솔길은 한낮에도 침침하고 서늘하다. 혼자 가는 길은 정답게 들리던 새소리도 무섭다. 뱀을 만났던 길이 나오자 온몸의 솜털이 곤두선다. 달음박질로 벗어나니 나무 사이로 수건을 쓴 어머니의 모습이 보인다. 아버지가 그늘에 앉아 목을 축이는 동안 어머니와 아이는 설익은 참외 한 개와 늙어가는 물외로 갈증을 달랜다. 다가오는 칠석날을 위해 꼭꼭 숨겨둔 수박은 정성스레 살핀다. 이제 꼭 세 밤 남았다. 견우와 직녀의 재회를 축하하며, 더 커지고 더 달아진 수박을 온 가족이 실컷 먹을 수 있는 칠월칠석.

　이른 아침, 밭에 다녀온 아버지의 얼굴이 하얗게 질려 있다. 텅 빈 지게를 아무리 뒤져봐도 수박의 그림자조차 찾을 수가 없다. 전날에도 밭으로 달려가 잘 있는지 살피고, 불안한 마음에 줄기만 남겨두고 땅에 묻어두기까지 했는데 감쪽같이 사라졌다. 온 가족이 몇 날 며칠을 손꼽아 기다려온 수박은 간곳없고 커다란 구덩이만 허물처럼 남았다. 땅속에 묻어 숨겨놓을 바에야 전날 미리 따올 것을. 끝없이 밀려오는 후회와 아쉬움은 온 집안을 누비며 혀를 날름거렸다.

　견우와 직녀가 흘리는 기쁨의 눈물이 대지를 적시는 동안, 이웃에 대한 불신의 싹은 가만두어도 하루 새 온 식구의 가슴을 휘감아 지붕을 덮고 울타리를 지었다. 이웃끼리는 황소 가지고도 다투지 않는다는 속담이 있다. 길흉사를 내 일처럼 돕고 작은 것 하나도 아낌없이 나누던 사이가 아니던가. 결국, 못된 손모가지의 잘못은 황새골이 몽땅 뒤집어쓰고 비밀 아닌 비밀로 묻혀버렸다.

　마을 중앙에 자리한 우리 집은 언제나 열린 집이었다. 마루에서 밥을 먹을 때 지나가는 사람은 어머니의 부름에 소찬이나마 밥 한술을 달게 먹고 나서야 가던 길을 갔다. 문단속을 걱정해 본 적이 없던 그 시절, 고된 노동 끝에 땅에서 거두는 수확이 전부인 사람들이지만 정이 넘쳤다. 하지만, 작은 균열이 둑을 무너뜨리는 것처럼 한 통의 수박이 사라진 구멍으로 많은 것들이 빠져나가기 시작했다.

　한밤중, 칙간에 가자고 어머니의 단잠을 깨웠다. 파고드는 한기에 몸서리치며 서둘러 방으로 돌아가려는데 기둥에 바짝 붙어 서 있는 검은 그림자가 시린 달빛에 비쳤다. 내 손가락 끝이 가리키는 도둑의 그림자를 본 순간, 어머니의 날카로운 비명이 단잠에 빠진 마을을 뒤

흔들었다. 기둥인 척하던 도둑은 바람처럼 뒷담을 넘어 어디론가 스며들었다. 그리고 다음 날 이웃의 얼굴로 돌아왔다. 너무도 태연한 도둑의 모습에 어머니와 나는 차라리 꿈이라 믿고 싶었다. 결국, ㄱ자형이던 집은 엉성한 몸에 커다란 쇠통을 단 창고가 지어지고 ㄷ자형이 되었다. 마루에 쌓여있던 벼 가마니가 제일 먼저 창고로 옮겨진 것은 당연한 수순이다.

수십 년이 지난 지금도 노모의 기억은 어제 일처럼 생생하다. 칠석날 아침의 그 황망한 손실은 갈수록 커져 이제는 달만 한 수박이 되었다. 이웃의 그늘을 떠나오던 그날, 어머니는 황새골에 다녀왔다. 황새골은 얼마나 많은 비밀을 묻어두고 있을까.

고통의 시간은 직선으로 흐르지 않는다

50대와 70대 사이의 20년간은 인생에서 가장 고달픈 시기다.
그 연대에서는 많은 요청을 받지만
그렇다고 그것을 거절할 만큼 충분히 늙은 것도 아니기 때문이다. -T.S. 엘리엇-

아득히 피로가 몰려온다. 삶은 때로 버겁다. 물처럼 부드럽고 바람처럼 자유롭게 세상을 유영하다 돌아가고픈 바람은 결국 헛된 욕망에 지나지 않는 것일까. 나는 모진 세상으로 끌려 나와 지금껏 버텨왔다. 운명의 사슬은 풍파에도 끄떡없고 세월마저 피하며 여전히 퍼런 서슬을 뽐낸다. 이제 그것은 나와 한 몸이 된 지 오래다. '왜 하필 나야?' 하나 마나 한 원망도 속으로 삼켜버릴 수 있을 만큼 세상살이도 제법 이골이 났다. 하지만 그렇다고 세상이 만만해졌다는 뜻은 결코 아니다.

잘 살고 싶었다. 잘사는 길은 열심히 사는 것이라고 믿었다. 열심히 산다는 것은 어떤 것인지 그 의미조차 모르면서 무조건 앞으로 나아가야 한다고 생각했다. 하지만 그 믿음은 숱한 시행착오를 거치며 부서지고 사그라졌다. 운명의 사슬은 늘어져 더 질기고 단단하게 나를 엮고 있다. 한 치 앞도 볼 수 없게 꾸역꾸역 밀려드는 먹색의 안개처럼 자꾸만 앞을 가로막고 가린다. 그래도 맥없이 시간을 죽일 수는 없다. 꿈틀꿈틀 나아간다. 중심인지 바깥인지 시작인지 끝인지 알 수 없어도 분명 세상 안이다. 아직 살아있다는 뜻이다.

평화로운 일상에도 불안은 숨어든다. 일어날 일은 일어나고 피할 수 없는 일은 마주칠 수밖에 없는 것이 세상사다. 때로는 아무 이유 없이 그냥 나쁜 일이 일어나기도 한다. 좋은 일 또한 뜬금없이 찾아와 까불까불 떠나간다. 느닷없이 불어와 제멋대로 방향을 바꾸는 바람처럼 불쑥 찾아오는 일들은 거의 내 영향권 밖에 있다. 이처럼 가늠조차 할 수 없는 일을 미리 걱정할 이유가 있을까. 먹구름이 몰려와 온 하늘을 뒤덮어 아무것도 볼 수 없을 때는 지긋이 바람을 기다려야 한다. 내가 할 수 있는 것은 찾아오면 맞이하고 가려 할 때는 군말 없이 놓아주는 것뿐이다. 하지만 이 또한 쉽지 않다.

무기력한 나를 보면서 끝없이 추락하는 중이다. 어쩔 수 없는 일에 집착하다 보면 할 수 있는 일이 무엇인지조차 잊어버린다. 이제는 아무 일도 없으리라고 생각하며 방심할 때를 기다려온 것일까. 아버지가 온 가족의 일상을 뒤흔들기 시작했다. 어느 정도 예견했던 일이지만 그 강도는 상상을 뛰어넘어 어찌해볼 도리가 없다. 그저 하루하루를 견뎌내고 있을 뿐. 바닥을 드러내고 바짝바짝 말라가는 정(情)은 내 몸에서 스멀스멀 빠져나가 미련 없이 흩어진다. 정이 마르는 것은 피가 마르는 것이다. 미움이 이기면 죄의식에 괴롭고 연민이 이기면 눈물이 난다. 차라리 이 격한 감정의 쓰나미에 눈이 멀어 아무것도 보지 못하면 좋겠다. '아무것도 보이지 않을 때는 아무 결정도 하지 마라.' 지칠 대로 지친 나에게 스스로 거는 주문이다. 죄의식에서 나를 건지

려는 처절한 몸부림이기도 하고.

사랑하지만 떠나야 할 때도 있다. 사람에게 집착하거나 도저히 손이 닿을 수 없는 것에 매달리는 것은 지극히 어리석은 일이다. 더 이상 아무것도 할 수 없음을 인정하지 않는다고 해서 달라지는 것은 없다. 가장 가까운 곳, 쉽게 손이 닿을 수 있는 곳만이 내가 통제할 수 있는 범위다. 걱정의 90%는 아무 일도 일어나지 않는다고 하지 않던가. 내 걱정의 대부분은 '만약에'라는 가정이 만들어낸 것이다. 안타깝게도 나의 90%를 채우고 있는 것은 다름 아닌 90%의 걱정이다.

비켜 갈 수만 있다면 비켜 가고 싶은 간절한 눈길들이다. 누군가 나서 주기를 바라는 간절함도 졸졸 따라붙는다. 하지만 나도 마찬가지다. 제발 이번 한 번만 누군가 나서서 해결의 실마리를 풀어주었으면 좋겠다. 씻을 수 없는 큰 상처를 주고 돌이킬 수 없게 될지도 모른다는 두려움이 숨통을 조여온다. 고통의 시간은 직선으로 흐르지 않는다. 느릿느릿 돌고 돌아와 결국 제자리다. 벌써 석 달이 지나간다. 시도 때도 없는 아버지의 폭주에 모두 정신이 혼미하다. 자신은 온갖 폭력적인 말을 끝없이 퍼부으면서 타인의 말은 단 한 마디도 받아들이지 않는 아버지의 완고한 방어벽. 매끈한 표면에 튕겨 나와 나뒹구는 나, 그리고 아버지를 뺀 나머지 가족. 허공에 흩어지는 말, 말들.

내 삶을 잡고 싶을 때마다 꿈틀대는 욕망을 내려놓고 살을 깎아내듯 비우고 접었다. 그리고 그날이 그날 같은 평범한 삶이 가장 인간적인 삶이라고 속살거리며 권태 속으로 빠져들었다. 타고난 대로 살기로 했으니 이제 풍파는 다 지나갔으리라고 믿었다. 하지만 착각이다. 내 인생의 가장 고달픈 시기는 이제 시작인 모양이다.

인생은 끝을 향한 기다림으로 이어진다. 산다는 것은 괴로운 것이다. 이 지루하고 괴로운 시간은 지름길을 피해 돌아가지만 결국 흘러 간다. 기다리다 보면 언젠가 출구는 보일 것이다.

　-내 나이 내일모레 구십이다. 평생 그렇게 살아온 사람을 너희들이 고쳐서 어디에 써먹을래.

구구절절 옳은 말이다. 언제 돌아가실지 모르는 양반을 고치라고 한들, 설사 고친들 어디에 써먹을까. 온 가족을 뒤흔들고 진저리 치게 할지라도 조각 기억을 붙잡으며 오늘도 버틴다. 점점 멀어지는 아버지의 온전하고 맑은 정신을 애타게 부르며.

　세상의 먼지가 덮여도 깊은 곳에서 흐르는 그것, 그것은 운명의 사슬이 녹슬지 않도록 기름칠하는 혈육의 사랑이다. 그 사랑을 나는 가끔 잊는다. 아니 모른척한다. 그리고 습관처럼 장부를 꺼내어 내 죄를 적는다. 죽을 때까지 단 한 줄도 지울 수 없는 장부다. 변명하지 않고 그대로를 기록한다. 어떤 죄일지라도 "그래, 그런 일이 있었구나." 하며 고개를 끄덕이며 기꺼이 지워줄 가족이니까.

　아버지에게 꼭 받고 싶은 유산이 있다. 당신을 향한 절절한 그리움, 당신의 부재로 인해 세상이 텅 비어버린 듯한 허전함은 꼭 나에게 물려주시기를.

물들어 가는

억새를 훑는 바람이 서늘하다. 은빛의 깃털을 살포시 접은 군무로 가을이 오는 길목을 수놓는다. 억새밭 사잇길에 홀로 서서 바람의 노래를 듣는다. 울고 왔다 울고 간 인생들을 떠올리며. 바람은 더듬어 볼 수 있을 그 마음, 강을 건너온 바람만이 알 수 있는 그 마음을 나는 공연히 아는 척 고개를 끄덕이며 편지를 쓴다. 수없이 써놓고 한 번도 부치지 못한 편지, 영영 보내지 않을 편지를.

새싹과 꽃과 열매가 지나갔다. 이제 말라가는 잎은 고운 빛으로 물들어 시든 몸을 감춘다. 변화의 흐름은 자연스럽고 막힘이 없다. 완만하게 조금씩 미끄러지듯 다가와 덮는다. 인생도 마찬가지다. 삭아서 점점 멀어지는 청춘과의 거리, 감정과 감각의 변화는 슬그머니 다가온다. 변하는 것을 인정하고 받아들이면 괴롭지 않다. 봄과 여름을 허둥대며 보냈으니 가을은 여유롭고 자연스럽게 맞이해야지. 때가 되면 몸이 기우는 것은 피할 수 없지만 마음은 조금이라도 더 잘 간수하고 싶다. 물들어 가는 단풍은 봄꽃보다 짙은 아름다움이 있다. 나의 젊음은 피는 줄도 모르고 지나갔으나 나이 듦은 평화롭고 여유로우며 충만하기를 소망한다. 나는 지금 가을 한가운데 서서 다시 돌아온 가을을 반긴다.

계절이 바뀔 때 병이 나는 사람이 많다. 새봄은 너무 고와 달떠서 죽겠다 하고, 여름은 잘도 놀면서 뜨거워 죽겠다 하고, 울긋불긋 물드는 단풍의 가을은 외로워 죽겠다고 하며, 이불속에 가만있으면 살만한 겨울을 얼어 죽겠다고 난리다. 가만 보면 살고 싶다는 말 보다 죽고 싶다는 말이 더 삶을 향한 발버둥으로 다가온다. 하지만 살고 죽는 것은 말을 앞세우는 것이 아니다. 그저 자연의 흐름을 타는 것이다. 나는 아직 죽겠다고 하고 바로 죽는 사람을 본 적이 없으며 100세 인생을 노래하다가 꼭꼭 채우고 가는 사람도 보지 못했다.

늙어버린 여자와 늙어가는 여자의 재회는 단조롭기 그지없다. 현관에서 거실까지 들어가는 찰나의 시간을 매일 오가는 알맹이 없는 통화처럼 몇 마디의 인사말로 지루하게 엮는다. 눈인사면 충분한 것을 알면서도 꼭 그리해야 하는 것처럼 토씨 하나 빼먹지 않고 복사해서 붙이는 인사말. 반짝반짝 빛나던 동그랗고 검은 눈은 그새 더 쪼그라들어 깊어진 고랑 사이로 숨었다. 흐릿한 렌즈만 피사체를 더듬으며 집요하게 따라온다. 셔터를 누를 생각조차 잊었으면서. 절로 터져 나오는 탄식. 늙어버린 여자의 봄 한 조각을 불러내어 감질나게 위로하는 척하더니 가까운 가을을 뭉텅 잘라 가차 없는 슬픔을 척 얹어주는 회상 때문이다. 한 사람에 대한 기억은 도대체 어디까지일까. 어머니의 기억은 아직 봄 언저리를 맴돌고 있다. 하지만 이미 늙어버린 내 어머니와 늙어가는 나의 육신은 가을을 뒤로하고 겨울을 마중 나와 나란히 서 있다.

단출한 살림이다. 아버지의 방은 침대와 세 칸의 서랍이 있는 작은 협탁이 전부다. 묵은 먼지만 털어내면 손 갈 곳이 별로 없다. 협탁 위에 나란히 놓인 어머니와 아버지의 장수 사진이 어색하게 웃고 있다. 얼마 전 사진관에 아버지의 사진(점퍼를 입은 제일 잘 나온 사진)을 가져갔더니 부탁하지도 않은 서비스로 점퍼 대신에 파란색 양복으로 갈아입혔다. 장례식과 결혼식 때 빼고는 절대 입지 않는 양복, 본적도 없는 양복을 입으니 더 어색하다. 주름이 펴지고 검버섯이 사라진 어머니의 얼굴도 어색하긴 마찬가지다. 행여 영정사진을 보고 누구냐고 묻는 사람이 나올지도 모른다는 엉뚱한 걱정이 스친다. 아버지는 잠자리에 들 때까지 대부분의 시간을 거실에서 머문다. 보든, 안 보든 TV는 집안의 불이 완전히 꺼질 때까지 돌아간다. 프로그램은 바둑, 장기, 가요무대, 그리고 TV쇼 진품명품 중의 하나다. 리모컨을 아버지가 독점하다 보니 결국 어머니 방에도 작은 TV를 들여놓았다. 작은 집에서 TV 소리가 겹치면 두 식구가 아닌 네 식구가 사는 것처럼 시끌벅적하다. 작은 소파에 아버지와 나란히 앉아 아무것도 모르는 바둑을 함께 보다가 시간을 확인하고 점심을 준비한다. 얼마 전까지만해도 집밥을 고집하는 어머니의 수고를 덜기 위해 불시에 들이닥쳐 밖에 나가서 먹자고 조르곤 했으나 아버지가 부쩍 기력이 쇠해져 그마저도 어려워졌다. 포장해 간 음식이나, 집 앞 중국음식점, 또는 서툰 솜씨로나마 만들어온 반찬으로 점심을 차린다. 자식들의 끈질긴 당부에 꽉 찼던 냉장고는 이제 텅 비어 있다. 하지만 가스레인지 위에 놓인 세 개의 냄비 속에는 끓이고 또 끓여 바짝 졸아붙은 찌개, 국, 조림이 담겨 있다. 냄비 속은 어머니 속과 같다. '이것도 싫다, 저것도 싫다.' 하는 아버지를 위한 어머니의 속끓임 흔적이다.

어머니의 시간 상자에는 무엇이 담겨 있을까. 아버지를 빼고 자식을 빼면 텅 비어 버리지 않을까. 허공에 피어오르는 허무가 어머니를 덮는다. '나'라는 유기체에 대한 존중이 들어 있기는 한 것일까. 단 하루라도 아버지의 수발에서 벗어나 자유를 누리고 싶다면서도 매 끼니 걱정을 앞당겨서 끌어안는 어머니. '왜'냐고 묻고 싶을 때마다 나는 마른침을 꿀꺽 삼킨다. 존재가 이유보다 먼저이기 때문이라고 짐작할 뿐이다. 다 이해할 수는 없다. 어머니와 아버지는 아직 길 위에 있다. 손을 맞잡고 깜부기불의 온기를 나누며 목적지를 향해 나아간다. 삶의 여정을 마무리하는 시간이다. 때로는 큰 허물보다 작은 허물이 더 괴로울 때가 있다. 모든 허물은 벗어버리고 언젠가 먼저 떠나는 이가 남은 이에게 주고 가는 선물은 고맙다는 감사 인사면 좋겠다.

꽃바람의 기억은 벌써 아득히 멀어지고, 불한증막 열기처럼 맹렬하게 타오르던 태양도 슬슬 꽁무니를 빼는 중이다. 선선한 바람을 느끼며 푹 자고 맞이하는 아침은 상쾌하기 그지없다. 숲에 들어와 있는 것처럼 허기진 심호흡으로 백로를 마신다. 아침이 스민다. 그래 이 맛이야! 만족스러우면 그것이 곧 행복이다. 가을이 된 나는 지금 가장 빛나고 있다.

Family

　가족의 근원은 사랑이다. 부드럽게 흐르는 잔잔한 사랑. 자주 꺼내지 않아도 표현에 서툴러도 전혀 문제가 되지 않는다. 눈길만 닿으면 충분한 힘을 나눌 수 있다. 가족은 사랑의 기둥으로 세운 작은 세상이기 때문이다.

　어머니의 전화가 부쩍 잦아졌다. 보통 오전에 한 번(때로는 새벽을 깨우기도 함), 저녁에 한 번이던 하루 두 번의 패턴이 갑자기 달라졌다. 사소한 변화지만 당혹스럽다. 가끔 어머니가 조금 전의 통화를 잊고 처음인 것처럼 다시 전화하면 깜짝 놀라기도 한다. 통화 내용은 일상을 묻는 단순한 대화다. "엄마, 잘 잤어? 밥은 먹었어? 반찬은 뭐였어? 아버지는 아픈 데 없고 당뇨약도 잘 먹지? 오늘은 뭐 해? 요즘 좀 바빠서 못가네. 잘 지내고 있어, 곧 갈게." 죄책감을 떨치려는 딸의 목소리는 쫓기듯 급하고 어머니의 대답은 다 안다는 듯 느긋하다. "응, 잘 잤다. 지금 막 아침을 먹고 치웠어. 반찬? 그냥 있는 대로 먹었지. 애들이 해 온 나물도 있고 이것저것 해서 잘 먹었다. 아버지는 밥도 잘 먹고 약도 잘 먹는다. 걱정하지 마라. 이따가 공원 한 바퀴 돌고 노인 정에 가야지."

언젠가는 아무리 기다려도 어머니의 전화를 받을 수 없는 날이 올 것이다. 나는 주인을 잃은 전화기를 만지작거리면서 허공을 향해 묻고 귀를 기울이겠지. 어머니가 전하고 싶었던 말들이 파도처럼 밀려오면 나는 어떻게 해야 할까. 가슴을 저미는 후회의 늪을 헤쳐 나올 수 있을까. 아마도 어머니의 나직한 목소리가 내 등을 천천히 두드리겠지. "걱정하지 마라, 나는 지금 다리 쭈욱 뻗고 해바라기 중이다. 이렇게 편한 줄 알았으면 진작 올 걸 그랬다."

「아버지가 다른 사람과 논쟁할 때 상대방 편을 들어 주어서는 안 된다.」 탈무드의 구절이다. 나는 어디서든 아버지의 편을 들었다. 아니 편이 된 척했다. 아버지가 옳든 그르든 밖에서는 당연한 일이었다. 내 아버지니까. 하지만 집에서는 달랐다. 속마음은 아버지 반대편에 서서 건성으로 고개만 주억거렸다. 있는 그대로 나를 표현할 수 있는 유일한 사람 앞에서조차 나는 속과 다른 나를 보여야 했다. 여덟의 자식 중 하나는 아버지 곁을 지켜야 한다고 생각했기 때문이다. 단언컨대 아버지는 우리 가족 모두에게 애증의 대상이다. 가장 큰 이유는 평생 어머니의 나쁜 지아비로 살았기 때문이다.

아버지는 언제나 가족의 안위보다 자신의 위신이 먼저였다. 좋은 일은 모두 아버지의 공이고 좋지 않은 일은 모두 어머니 탓이다. 자식 여덟을 낳고 키우느라 온몸이 만신창이가 된 지금도 어머니는 아버지의 시중을 충실하게 이행한다. 어머니를 향한 자식들의 안타까움은 고스란히 원망의 화살이 되어 아버지에게 날아간다. 하지만 온갖 방법을 다 동원해도 아버지는 끄떡없다. "설사 내 잘못이 좀 있다고 치자. 근다고 평생 이렇게 살아왔는디 곧 죽을 사람헌티 뭘 자꼬 고치라고 헌다냐. 젤로 답답헌 사람은 나여. 느그들 챔견만 없으면 우리는 조용히 잘 살텅게 여그 걱정은 말고 니덜이나 잘 허고 살어. 고만허고 어서들 가."

나는 전생에 역적질만큼이나 큰 죄를 지었을 것이다. 의식이 생길 무렵부터 들러붙은 맏이 콤플렉스는 지독하게 나를 따라다니며 내 삶을 갉아먹었다. 병든 내 속을 모르고 아버지는 기회가 있을 때마다 맏이의 역할을 강요했다. 아버지의 오더는 끝이 없다. 때로 흘러듣고 때로 모른 척해도 집요하게 이어지는 주문에 지쳐만 간다. 하다 하다 얼굴도 모르는 조상님 산소 문제까지 등장하자 나는 폭발하고 말았다. 험한 말을 퍼부으며 그 말에 내가 먼저 흠씬 얻어맞아 정신이 아득해지면서도 터져버린 말을 멈출 수가 없었다. 흘러나오는 그것들은 오래된 냄새가 났다. 그때그때 치우지 못한 감정의 찌꺼기가 쌓여 내 속은 쓰레기통이 되어 버린 것이다. 쏟아놓고 나니 그제야 내가 보였다. 후회의 늪에 빠져 기진해 있는. 왜 나는 화가 나고 슬퍼도 죄책감이 드는 것일까.

든든한 기둥을 세우고 무성한 그늘을 드리워 우리를 풍요롭게 하진 못했어도 아버지는 가족을 위해 나름의 최선을 다했다. 구순을 바라보는 지금 왜 회한이 없겠는가. 젊은 날의 아버지는 유쾌하고 잘생긴 사내였다. 하지만 어디 인생이 뜻대로 흘러가던가. 숱한 우여곡절을 겪으면서 죽고 싶다는 생각이 스쳐도 우리를 생각하며 견뎠을 것이다. 때로 너무 지치고 무서울 때가 있다. 아버지는 지금 지치고 무서운 것은 아닐까. 혼자일 때와 단 한 사람이라도 곁에 있을 때의 느낌은 하늘과 땅 차이다. 나는 알 것 같다. 아니 정확하게 이해한다.

「사랑은 가장 가까운 사람, 가족을 돌보는 것에서부터 시작된다.」 마더 테레사의 말이다. 더 늦기 전에 아버지의 편으로 돌아가야겠다. 아버지를 이해하고 인정하며 받아들일 수 있는 진정한 아버지 편으로. 아무리 미워도 언제나 나는 아버지 편에 설 것이다. 자식이니까.

해가 지고 어둠이 내려앉았다. 달을 만나러 나갈 시간이다. 그저 달을 향해 양팔을 벌릴 뿐 소원 따위는 내밀지 않는다. 잔잔한 달빛은 험한 산길 어둠을 타고 홀로 마중 나오던 아버지의 남폿불처럼 따뜻하다. 달빛을 감고 서서 나는 아버지의 손에서 흔들리던 남폿불을 본다.

항아리 속 바다에 꽃잎 배를 띄우고

비둘기호의 기적소리는 지금도 살아있다

한국의 열차는 1983년까지 새마을·우등·특급·보급·보통으로 불렸다. 1984년 열차 이름을 개정하면서 새마을호·무궁화호·통일호·비둘기호로 바뀌었는데 이 가운데 가장 느린 '보통'이 비둘기호이다. 비둘기호는 1967년부터 2000년 11월 14일까지 한국에서 운행된 완행열차로서 모든 역에서 정차하는 열차였다.

비둘기호의 기적소리가 아련하게 들려왔다. 이미 콩나물시루처럼 빼곡하게 채워진 완행열차는 거친 숨을 토해내며 달려와 섰다. 떠밀려 들어선 객차는 비집고 들어갈 틈이 없어도 한쪽 발은 용케 바닥을 딛고 섰다. 한쪽 다리가 허공에 떠 있어도 불평하는 이가 없다. 입석도 감지덕지다. 서로의 어깨를 의지하고 무사히 귀성길에 오름을 자축하며 밀려오는 졸음에 기꺼이 굴복해 버린다. 가다 서기를 반복하는 열차의 기적소리는 자장가처럼 아득히 들려왔다. 말하는 사람만 알아듣는 안내방송이 흐르면 용케도 자신이 내려야 할 역에서 사람들이 빠져나간다. 여기저기 허물어지듯 주저앉아 잠드는 사람들이 점점 늘어났다. 어둠의 터널은 길고도 지루했다. 밤새 달려온 열차가 가쁜 숨을 뱉어낼 때 새벽의 기운은 어둠을 밀어내고 가려져 있던 풍경이 불그스레한 여명 아래 조금씩 드러났다.

드디어 낯익은 간이역이 덜커덩거리며 다가왔다. 잠결에도 꼭 움켜 쥐고 있던 종이가방을 주섬주섬 챙겼다. 내려서자마자 기차는 외마디 기적을 남기고 종착역을 향해 달려가 버렸다. 긴 꼬리가 모퉁이를 돌아 스르르 감기며 사라질 때까지 조용히 배웅하고 돌아섰다. 이른 새벽의 서늘한 바람에 코스모스 물결이 일렁인다. 한껏 차려입은 보람도 없이 간밤의 피로에 얼룩진 귀성객들은 꽃들의 환영에 눈길조차 주지 않는다. 비척거리는 걸음이 역사를 울린다. 역 앞에서 뿔뿔이 흩어져가는 그들의 발걸음이 점점 조급해진다. 금의환향의 부푼 꿈과 함께 상행선에 몸을 실었던 사람들이다. 저들의 꿈은 이루어졌을까?

편지로 도착 예정 시간을 미리 알렸다. 그래도 새벽부터 번갈아 비석거리에 나와 서낭당 고개를 살피며 내 기척을 찾고 있을 식구들이 눈에 선하다. 첫차를 기다리다가 택시를 탔다. 택시비도 큰돈이다. 한 푼이라도 아껴서 더 보태드리고 싶지만, 마음은 급하고 남은 여정을 버텨낼 힘도 없다. 얼른 달려가 선물 보따리를 풀어놓고 싶다. 부모님, 그리고 줄줄이 동생들을 하나도 빠트리지 않았으니 모두가 행복한 시간이 될 것이다. 버스비를 아끼고, 한 잔의 커피값조차 벌벌 떨어가며 아끼고 모은 돈이다. 작은 선물에 흐뭇하실 부모님, 기뻐하는 동생들의 모습을 떠올리면 고달픔은 얼마든지 견뎌낼 수 있었다.

밤새 꼭 쥐고 있어 손에 붙어버린 듯 무게조차 느껴지지 않는 선물 보따리를 물끄러미 내려다보았다. 내 가족들에게는 기다리는 사람이 생겼다. 바로 나. 금의환향의 꿈은 끝내 멀어졌어도 나는 가족이 기다리는 유일한 사람이 되었다. 가장 멀고 큰 도시를 향해 단호히 떠날 수 있었던 용기는 오로지 그들의 행복한 기다림을 위한 것이었다.

항아리 속 바다에 꽃잎 배를 띄우고

뜸북뜸북 뜸북새 논에서 울고/ 뻐꾹뻐꾹 뻐꾹새 숲에서 울 제/ 서울 가신 오빠는 소식도 없고/ 나뭇잎만 우수수 떨어집니다.

고된 밭일을 마치고 어둑해진 논두렁 길을 걸어 집으로 향할 때, 지 게를 짊어진 아버지와 누렁이를 모는 내가 함께 즐겨 부르던 노래다. 구슬픈 노래에 여기저기서 풀벌레가 화음을 보탰다.

독자인 아버지에게 두 분의 사촌 형님이 있다. 한 분은 면장을 하고, 다른 한 분은 중학교 국어 교사였다. 우리 아버지는 중학교 때 할머니 가 돌아가신 후, 고등학교 진학을 포기해야 했고, 할아버지는 재혼으 로 딸만 다섯을 더 두셨다. 어린 나이에 아버지가 짊어졌을 삶의 무게 는 노래가 되어 곳곳에 스며들었다. 아버지의 한숨을 삼키는 헛웃음 소리가 생각날 때면 지금도 눈시울이 뜨거워진다. 허리끈이 없어서 비닐 끈으로 허리를 졸라매고 휘청이는 지게를 짊어진 아버지와, 말 끔한 양복을 입은 큰아버지의 거리는 얼마나 나의 여린 가슴을 옥죄 었는지 모른다.

아버지에게 절실한 아들은 칠 공주 끝에 태어났다. 우리는 포근한 아버지 등에 차례로 업히며 자랐다. 장에 다녀오시는 날이면 아버지 주머니에서 나오는 '뽀빠이'도 첫째인 나부터 막둥이까지 순서대로 공평하게 나눠 주셨다. 어쩌다 장에 나가실 때면 양복은 없어도 말끔 한 옷차림의 아버지는 얼마나 나를 자랑스럽게 했던가. 아버지는 단 연코 우리 동네의 최고 미남이셨다.

도망치듯 내가 결혼하고, 동생들도 차례로 대학을 졸업하고 상경하 여 자리를 잡자, 부모님도 쉰을 넘긴 나이에 독자인 남동생 교육을 위 해 상경하셨다. 귀향을 염두에 두고 논밭은 물론, 집도 살림살이도 그 대로 남겨두고 오실 만큼 두 분에게는 큰 모험이었다. 사글세로 무허가 건물에서 살면서 온 식구가 개미처럼 일했다. 아무리 어렵고 힘들어도 고향에 남겨둔 땅과 집을 지켰다. 지난한 세월을 보내고 부모님은 도시에 완벽히 적응했다.

희미해져 가던 비둘기호의 뒷모습처럼, 선물 보따리를 풀 때의 그 두근거림과 비석거리로 내달리던 애타는 기다림은 이제 희미한 추억이 되었다. 가까운 곳에 모여 살다 보니 명절이라고 특별한 것도 없다. 외국에 나가 있는 두 동생 가족을 제외하고 나머지 육 남매의 가족이 한자리에 모여 식사하고 오랜만에 북적거리는 대가족을 실감하게 되는 날이 되었다. 부모님과 동생들의 기억 속에도 애달팠던 내 여정이 조금이나마 남아있을까? 내게는 아직도 비둘기호의 기적이 생생히 들려오는데….

가장 빛나고 아름다운 시간을 사는 딸에게

　세상은 깊은 잠에 빠져 있었다. 늦은 밤 시작된 진통이 잦아질수록 두려움은 파도처럼 넘실거리며 약해진 나를 조롱했다. 무심히 빛나는 불빛 아래 고통의 흔적은 어지럽게 뒹굴고, 흐릿한 시선 끝으로 나보다 더 겁먹은 얼굴 하나가 자꾸만 구석을 파고들었다. 쉬 올 것 같지 않던 새벽의 기척을 따라 두런두런 세상이 깨어나는 소리가 들리기 시작했다. "힘줘!" 드라마의 한 장면이 떠올랐다. 숨을 고르며 구워주는 고기를 얹어 밥 한 공기를 꾸역꾸역 밀어 넣었다. 마치 너를 만나기 위해 치러야 할 중요한 의식처럼.

　병원을 향해 집을 나서는데 거짓말처럼 때 이른 진눈깨비가 흩날렸다. 꺼끌꺼끌한 혀를 내밀어 찰나에 스치는 찬 기운으로 갈증을 식히며 멍하니 어두운 하늘을 올려다보았지. 열 달이 흘러가는 동안 '여성백과'란 책이 유일한 가이드였다. 모두 사느라 바빴고, 너무 멀리 떨어져 있기도 했지만, 그때나 지금이나 나는 혼자일 때 자유롭고 편한 사람이기 때문이다. 좋은 것을 보고 좋은 생각을 하며 너를 기다리지 못했다. 외로움과 두려움을 아직 세상의 문턱도 밟지 못한 너에게 전

염시키며 기다렸다. 미안하다. 너와 처음 마주했을 때, 환하게 웃어주지 못하고 못난 얼굴로 펑펑 울어서. 자꾸만 내가 진짜 딸을 낳았느냐고 되물어서 미안하다. 혼미한 상태에서도 내 딸이 언젠가 겪게 될 고통이 너무 안타깝고 겁이 났단다. 나는 그렇게 눈물 바람으로 너를 처음 만났다.

우리는 부족한 부모였다. 안락한 집도 없고, 살뜰한 보살핌을 받은 경험도, 부모의 역할에 대해서 학습한 경험도 없는 사람들이었지. 잘하고 싶어도 방법을 몰랐어. 무조건 좋은 것을 먹이고, 입히고, 경험하게 하는 것이 최선이라고 생각했어. 항상 내가 하고 싶었던 것들을 시키고 싶어 안달복달해댔지. 미술학원부터 피아노, 서예, 검도, 합기도, 복싱, 심지어 댄스까지. 모두가 개천을 벗어나기 위해 거쳐야 할 과정이라고 생각했어. 평생을 바라만 보고 산다고 불평하면서도 손끝이라도 닿기를 간절히 바랐던 그 꼭대기에, 네가 당당히 입성하기를 바랐다.

너는 항상 기대 이상이었지. 스스로 개척하고 넘어지고 쓰러지면서도 묵묵히 자신이 선택한 길을 나아갔어. 지금 우리가 서 있는 곳은 개천도 아니고 꼭대기도 아니야. 달팽이걸음으로 쉼 없이 움직여왔지만, 원래 있던 그 자리를 벗어나지 못했지. 그러나 이미 개천에서 벗어났음을 알고 있어. 우리는 상승이 아닌 성장을 일궜지. 잃는 것이 있으면, 얻는 것 또한 있게 마련이야. 흘러간 시간, 실패로 놓쳐버린 기회가 전부를 가져간 것은 아니야. 대신, 뼈저린 경험과 눈물로 닦아 수정처럼 맑은 '지혜'를 얻었고, 이상과 현실 간의 타협을 통해 개천의식을 스스로 버릴 수 있었어. 더는 다른 인물인 척 꾸밀 필요도 없이 민낯을 당당하게 드러내는 지금, 더할 나위 없이 편안하고 안정적

항아리 속 바다에 꽃잎 배를 띄우고

이지. 그럼 충분하지 않니? 내가 그리던 모습과는 다르지만 네 선택이 옳았어. 장하고, 고맙다. 내 딸.

너는 어느덧 서른을 훌쩍 넘긴 나이가 되었구나. 여전히 우리는 한 집에서 살아가고 있다. 내가 생각했던 것보다 훨씬 길어진 시간이지. 어쩌면 앞으로도 오랫동안 이대로 살아갈 수도 있고, 또 어쩌면 너의 갈 길을 찾아 훌쩍 떠날 수도 있겠지. 아직 다가오지 않은 내일을 걱정하며 살아가는 것만큼 바보스러운 일은 없단다. 그때는 이미 분리된 삶에 대한 준비가 되어있을 테니까. 이제 너의 선택에 대한 불안은 기우에 지나지 않음을 안다. 건강한 어른이 되었으니 네 인생의 주도권은 온전히 네 것이어야 해. 꿈과 현실의 차이는 고통이지. 그 안에서 자신이 원하는 것을 얻을 수 있는 지혜와 기술이 필요해. 그 지혜와 기술을 넌 이미 갖추고 있단다. 끝까지 자신을 믿고 가면 돼.

작은 돌부리에 걸려 넘어지거나, 메마른 길을 지루하게 걷기도 하고, 가파른 고개를 넘어 정상에서 시원한 바람을 맞는가 하면, 내리막 길에서 곤두박질치기도 하겠지. 그 모든 것은 시간의 흐름처럼 지나가는 과정일 뿐 영원한 것은 없어. 다양한 세상 경험은 여러 각도에서 폭넓은 인생의 얼굴을 보여준단다. 어느 날 희끗희끗해진 머리칼을 쓸어 넘기며 뒤를 돌아보게 되는 날이 오겠지. 손에 쥐고 있는 것 보다 네 머릿속에 남은 삶의 기록이 얼마나 값진 것인지를 알게 되는 순간이면 좋겠구나. 그때부터는 소풍하듯 느릿하고 여유로운 걸음으로 나아갔으면 좋겠다.

내 손을 꼭 쥐던 여린 손이 지금도 생생하다. 하지만 이제 움켜쥔 손을 놓아야 할 때가 왔구나. 건강한 어른이 되어 내 곁에 나란히 서 있는 너는 가장 소중하고 감사한 열매다. 내 맘 같지 않은 사람들 속에서 내 뜻대로 안 되는 세상을 살아간다는 것은 어쩌면 끝까지 고행이 될지도 모른다. 하지만 현실의 짐이 무거울지라도 끝까지 자신을 믿고 사랑해라. 자신을 사랑하지 못한 사람은 남에게 베풀 사랑도 없다. 알지 못하는 것을 어떻게 나눌 수 있겠니? 자신을 사랑하고 아끼고 성장시키며 살아가는 것이 바로 어른다운 어른, 건강한 어른으로 살아가는 길이라고 생각한다. 타인은 나와 비교하고 경쟁하는 대상이 아니라 겸손해지고 더 노력할 수 있게 만드는 꼭 필요한 존재란다. 네 인생의 주인으로 살아가되, 세상을 네 것으로 착각하지 마라. 인생은 결코 혼자의 힘으로 완벽하게 만들어가는 것이 아니야. 더불어 살아가야 해. "나처럼 살아라." 하면 간단한 것을 "나처럼 살지 마라."로 이어지니 이리 어렵고 힘들구나. 부디 너는 그리할 수 있는 삶을 살아가기를.

아쉬움과 후회가 발치에 따라붙어 긴 그림자를 끌고 있지만 지금 나는 행복하다. 해는 숨어버리고 늘어진 꼬리가 서쪽 하늘을 물들이듯이, 저 너머로 숨은 내 인생의 꼬리가 연홍(軟紅)의 빛으로 피로의 그림자를 덮는다. 내 인생에 있어 가장 아름답고 빛나는 지금 어찌 행복하지 않을 수 있겠니. 딸아! 인생은 아름다워.

떠나보내는 용기

한밤을 깨우는 전화벨 소리. '엄마'라는 두 글자가 흐릿한 눈을 파고든다. 늦은 밤 어머니의 전화에 철렁하고 가슴이 먼저 내려앉는다.

-자냐? 아까 낮에 통화할 때는 깜박해서 또 까먹기 전에 얘기하려고 전화했어. 오늘 병원에 간 김에 연명 치료 거부의향서를 내고 왔다. 너는 안 해?

-엄마, 아버지를 요양원으로 모신 날 나는 바로 김서방이랑 같이 등록했어. 벌써 일 년이 다 되어가네.

한밤에 몰려온 파도는 무방비인 나를 뒤흔들어 놓고 서서히 가라앉았다. 어머니가 자식에게 죽음을 준비하라고 말하는 순간 단단하게 나를 지켜온 울타리는 힘없이 무너졌다. 컴컴한 외로움이 몰려와 거실을 채우고 나는 홀로 망연자실해 있다. 풀벌레 소리에 떠밀려 어느새 어둠은 한 발짝 물러서 흐릿하게 떠 있다. 고요는 깨졌다.

평생 자식을 위한 삶이었다. 눈인들, 손인들, 심장인들 아까울까. 어머니의 사랑은 단 한 번도 흔들림이 없었다. 오직 자식을 지키기 위해 처절한 삶을 살아온 내 어머니가 이제 자신의 마지막을 준비하며 남겨질 자식의 죽음까지 걱정하는 것이다. 어머니의 말은 차분하고 단호했지만, 나에게는 번개처럼 내려친 충격파였다. 하지만 언젠가는 나누어야 할 이야기다. 어머니는 단순히 죽음을 준비한다는 사실을 알린 것이 아니라, 내게 질문을 던진 것이다. "너는 네 죽음을 어떻게 맞이하고 싶으냐"라고.

나는 어떤 죽음을 바라는가. 누구나 같은 바람이겠지만 나 또한 사랑하는 이들의 품에서 편안한 미소를 남기며 차분한 죽음을 맞이하고 싶다. 하지만 연명 치료 여부를 결정해야 하는 상황이 온다면 어떤 선택을 할까. 나는 주저없이 연명 치료 거부의향서를 내밀 것이다. 내 의지가 힘을 잃고 죽음으로 향하는 고통만이 나를 지배하며 끌고 가는 시간은 의미가 없기 때문이다. 생을 넘어가는 길목에서 품위있고 책임감 있게 마무리를 할 수 있는 길이 보이면 나는 망설임 없이 그 방향으로 나아갈 것이다. 그 선택은 나를 위한 마지막 배려다.

어머니의 이야기는 짧지만 많은 메시지를 담고 있다. 어머니는 스스로 연명 치료 거부의향서를 제출했다. 하지만 만약 본인이 선택할 수 없는 상황으로 가족이 선택해야 할 순간이 온다면 나는 어떻게 대응해야 할까. 머리로는 존엄사를 존중해야 한다고 생각하면서도 마지막까지 붙들고 싶은 마음에 흔들리지 않을까. 뒤엉킨 걱정과 혼란 속에서 나는 스스로에게 묻고 또 묻지만 아직은 답을 얻을 수 없다.

지인의 이야기도 남의 일 같지 않다. 외국에 사는 동생과 어머니 곁을 지키며 사는 언니가 있다. 불행히도 어머니의 연명 치료를 결정해야 하는 상황이 왔고 어머니 곁에 있는 언니가 외국에 있는 동생에게 의견을 물었다. 외국에 있는 동생은 강하게 연명 치료를 주장하며 자신이 돌아와 어머니를 보살피겠노라고 했다. 결국 어머니는 호흡기에 의존한 채 코마 상태로 살아있다. 그렇게 1년이 흐르도록 어머니의 상태는 조금도 변화가 없다. 연명 치료를 주장했던 동생은 지쳐가고 다른 가족은 그녀를 원망한다. 모두가 고통의 시간을 보내고 있지만 가장 큰 고통을 겪는 사람은 누워 있는 어머니다. 자기 결정권을 행사할 만큼 의식이 뚜렷했다면 과연 어머니는 지금의 상황을 선택했을까. 이처럼 판단이 흐리거나 할 수 없을 때 발생하는 문제는 나에게도 가장 큰 걱정거리다. 사랑하는 이를 힘들게 하고 싶지 않은 마음은 법 앞에 무력하게 막혀있기 때문이다.

다른 나라는 이미 제도적 장치를 마련해 두었다. 스위스는 조력 사망 기관을 통해 환자가 충분한 상담과 엄격한 심사 과정을 거친 뒤 스스로 삶을 마무리할 수 있도록 돕는다. 네덜란드, 벨기에, 캐나다 역시 엄격한 조건과 의료적 판단 아래 존엄사를 허용한다. 이 제도는 개인의 자기 결정권을 보장하면서도 남겨진 이들의 상처를 줄이기 위한 사회적 장치로 기능한다. 하지만 여전히 의견은 갈리고 있다. 찬성측은 '고통 없는 마지막, 삶의 의미를 지키는 선택'이라 하고, 반대 측은 '삶은 인간의 의지로만 단절할 수 없는 신성한 가치'라고 주장하며 팽팽하게 맞선다. 하지만 현실적 사례들을 살펴보면 제도의 필요성은 분명하다.

나는 여전히 어떤 의견이 옳고, 그른지 확신할 수 없다. 그러나 내가 원하는 죽음은 선명하다. 남겨진 이들과 차분히 작별할 수 있는 존엄한 죽음이다. 억지로 붙잡혀 있는 연명 치료가 아니라 내가 스스로 삶을 마무리할 수 있는 선택이다. 그러나 개인의 소망만으로는 충분하지 않다. 고령화 사회에서 우리는 묻지 않을 수 없다. 어떻게 하면 개인의 존엄사를 인정하면서도 사회가 윤리적 균형을 지킬 수 있을까.

어떻게 하면 남겨진 이들의 상처를 최소화하고 죽음을 두려움이 아
닌 긍정의 시선으로 바라볼 수 있을까.

　어둠 속에서 울리던 어머니의 목소리를 떠올린다. 내 마음에 번지는
파문. 삶과 죽음의 경계에서 우리는 서로를 붙잡으려 애쓰지만 결국
놓아야 한다. 떠나보내는 용기로 완성되는 사랑도 있다. 삶은 흘러간
다. 바람처럼, 물처럼. 나는 그 삶의 울림을 가슴에 담는다. 어머니와
나는 여전히 통화 중이다.

항아리 속 바다에 꽃잎 배를 띄우고

외로운 섬

내 집이 아닌 듯 낯설다. 너른 마당은 사라지고, 누군가의 야무진 호미질에 토방 아래까지 텃밭이 되어있다. 높다랗던 마루는 내려앉은 듯 겨우 무릎 위에 걸린다. 한쪽 다리를 한껏 뻗어야 겨우 댓돌에 발이 닿을 정도로 높았었는데… 방문에 매달려 있는 자물통이 안쓰럽다. 무슨 힘이 있다고 그 긴 세월 꼼짝 못하게 고리에 묶어 놓았을꼬. 돌아갈 때는 풀어주어야겠다. 문고리도, 자물통도.

친정어머니의 자랑거리였던 오동나무 장롱은 거울이 금이 간 채로 아직도 윗목을 차지하고 있다. 가지런히 포개진 옷들 위로, 덮개처럼 먼지가 쌓였다. 벽에 걸린 액자를 가만히 들여다보니 숨은 그림처럼 어릴 적의 나, 동생들, 부모님의 결혼사진이 차례로 나타난다. 달콤한 추억이 떠오르는가 싶더니 슬픔이 뭉클거리며 덮쳐온다.

뒷문의 고리를 벗겨내자 기다렸다는 듯 스르르 문이 열린다. 바로 눈에 들어오는 장독대. 막내는 맛난 것이 숨겨져 있는 항아리를 단번에 찾아냈다. 아무리 꽁꽁 숨겨 두어도 단 세 번 만에 찾아내는 신기한 재주를 가졌다. 그 많던 항아리는 다 어디로 가고 몇 개의 깨진 항아리만 남았을까.

뒤란을 돌아 감나무 아래 섰다. 바짝 마른 감나무이파리가 팔랑거리며 떨어진다. 올려다본 하늘엔 까치밥 대신 그리움이 걸려있다.

작은 방에 들어선다. 닳고 닳아 모서리조차 둥글어진 앉은뱅이책상, 고등학교 입학 선물로 받은 원목 책상이 나란히 자리하고 있다. 동생이 많아서 부끄럽고 싫었던 집. 그토록 바라던 외동처럼 홀로 방을 차지하고 보니 좋을 것도 없다.

텃밭이 된 마당을 지나 아래채로 들어선다. 3년 동안 부은 적금을 털어 동생들에게 선물한 방이다. 자그마한 연탄창고와 아궁이, 가운데는 두 칸의 방을, 나머지는 창고로 만들기로 했는데, 아버지는 기다랗게 한 칸의 방으로 만들어 버리고, 방보다 더 큰 창고로 욕심을 채우셨다. 도망치듯 결혼하여 손님이 되어버렸던 나. 이젠 부모님, 동생들까지 도시 사람이 되어 이 집은 버려졌다. 고구마, 감, 들깨 등을 조금씩 보내주시는 분은 자물통이 걸린 방만 빼고 나머지 공간을 창고로 쓰고 있다. 동네 아이들의 놀이터였던 마당은 텃밭이 되었고, 대문과 고샅까지 이어지던 흙담도 사라졌다. 기약 없는 인사는 차마 남길 수 없어 슬그머니 빠져나왔다. '성황목'에 올라서서 뒤돌아보니 마을 중앙에 자리한 우리 집이 외로운 섬으로 떠 있다.

방죽거리

이른 새벽, 논두렁 밭두렁의 풀숲을 지나 담배밭으로 향하는 길은
참 멀고도 험했다. 채 이슬이 마르지 않은 수풀 속에 뱀이 숨어 있다
가 스르르 지나가거나, 손바닥만 한 개구리가 인기척에 놀라 후다닥
달아나면, 땅바닥에 털썩 주저앉기 일쑤였다.

밭에 들어서면 독한 냄새와 함께 끈적거리는 담뱃진이 온몸을 휘감
았다. 살갗이나 머리에 닿으면 끈끈이 보다 질기게 들러붙어 시꺼먼
때가 되었다. 긴소매 옷과 수건으로 중무장을 해도 소용없는 일이다.
금세 한 달은 물이 닿지 않은 몰골이 되어버린다.

노랗게 익어가는 담뱃잎을, 서너 잎만 따서 차곡차곡 모아 고랑 끝으
로 내놓는다. 잎맥이 울퉁불퉁하게 불거지고, 면이 넓적하고 두꺼울
수록 무게가 많이 나간다. 아버지는 잘 자랐다고 흡족해하셨다. 하지
만 나는 그냥 전부 낫으로 댕강 잘라서 밭에 늘어놓고, 단번에 말려버
리고 싶은 마음만 간절했다. 리어카가 있는 곳까지는 아버지의 지게
로 옮기고, 그것을 다시 방죽거리 정자나무 그늘진 곳에 자리를 잡아
펼쳐놓고서야 아침을 먹으러 집으로 향한다.

담배밭에만 다녀오면 허기와 갈증이 좀처럼 가시질 않는다. 늦은 아침을 먹고 느긋한 걸음으로 방죽거리로 나간다. 온 마을 사람들이 그늘이 좋은 자리를 차지하기 위해 그렇게 눈치를 보았어도 방죽거리 정자나무 그늘은 여름 내내 우리 차지였다.

들판에 서서

텅 빈 들판은 바람이 주인이다. 메뚜기 떼와 어지럽게 맴돌던 잠자리는 어느새 자취를 감췄다. 황금빛의 찬란한 시절은 이제 옛이야기로 남았다. 살갗을 비벼대며 흐느적거리던 춤사위도, 홀로 서서 한 곳만 바라본다고 허수아비를 놀려대던 맹랑한 녀석들의 부산한 날갯짓도 이제 꿈처럼 사라졌다.

생각해 보니, 손짓한 적도 없고 떠민 적도 없으니 우연히 마주친 짧은 인연으로 곱게 접어두기로 한다. 어디로 가는지 다음엔 어디서 어떻게 만날 것인지 묻지 않길 잘했다. 기약이 없어서 다행이다. 기다리지 않아도 되니 덜 외롭다. 흩어진 낟알 하나가 물색없이 싹을 틔웠다가 찬바람에 움츠러든다.

이젠 바쁠것도 없다. 밀려오는 졸음에 취하고 취하거든 잠들면 그만이다. 잠든 사이 누가 와서 주인이 된 들 자리다툼을 할 이유도 없다. 그 자리는 잠시도 비어 있었던 적이 없다. 때가 되면 자리하고 물러나야 할 때가 되면 조용한 뒷걸음질이면 그만인 것을…. 쌀쌀한 바람이 호령하는 텅 빈 들판에 서서 그들의 속삭임을 듣는다.

항아리 속 바다에 꽃잎 배를 띄우고

죽어도 돌아오지 않겠노라며
성황목 고갯마루까지 단숨에 올라섰지
산그림자 속으로 숨어
꿈틀거리는 길 끝
비석처럼 서 있는 어머니를 보았어
마지막 의식처럼
퍼질러 앉아 하염없이 울다가 고개를 넘는데
어느새 어둑해진 길에 산짐승 울음소리가 따라오며
정신없이 세상으로 내몰더라

그렇게 떠밀리고 쫓기며 너른 세상으로 들어갔지
하지만 내 세상은 언제나 좁고 갑갑했어
달빛조차 지친 얼굴로 찾아오는 도화동 달동네
타박타박 좁은 골목을 끝없이 오르다 보면
불 꺼진 작은 창이 보였지
내 세상과 너른 세상의 경계야
낮과 밤이 무심히 흐르고
희망과 절망이 가느다란 실처럼 흐르는

어느 날
불 꺼진 작은 창을 향해 흩어지는 사람들 속에서
문득 깨달았지
너른 세상은
주인이 따로 없다는 사실을

꿈속을 찾아와 베갯잇을 적시는
그때 그 막막함
이제 나는
막막함을 기다리고 쓸쓸함을 노래해
내 좁은 세상이 편안해질 만큼
쪼그라든 몸을 일으켜
항아리 속 바다에 꽃잎 배를 띄우고
천천히 항해를 시작하지

항아리 속 바다에 꽃잎 배를 띄우고

물결 위에 서다

그것은 인생

　한밤에 깨어나 컴컴한 어둠 속에 홀로 앉아 밤을 지새 본 적이 있니? 눈을 꼭 감고 버텨봐도 소용없어. 정신은 점점 말갛게 깨어나는 걸. 또 긴 밤이 시작된 거야. 기다렸다는 듯 아무 생각 없이 보낸 어제들이 온갖 사연을 갖고 다시 몰려와. 까맣게 잊었던 일, 애써 잊고자 했던 일…. 도대체 좋았던 기억은 다 어디로 숨어버린 것일까. 어제의 이야기는 나를 막무가내 몰고 가서 넘실거리는 후회 속에 던져 버리고 슬금슬금 뒷걸음질하지. 어느새 먼동이 다가와 창문을 물들이면 나는 기진맥진한 아침을 맞이해. 오늘은 어제와 같은 실수를 되풀이하지 않겠다는 다짐만 주문처럼 중얼거리면서.

　인생은 참 신기해. 이제는 그만 놓아버리고 싶을 때 나에게는 없다고 믿었던 수호천사가 찾아오거든. 눈물이 약인 것처럼 툭 하면 울었어. 그러다 눈물이 마르더라. 내가 왜 이 세상에 던져졌는지 도무지 모르겠어. 나는 이런 삶을 원한 적이 없거든. 영문도 모른 채 불려 나와 터벅터벅 앞으로 나아가고 있을 뿐이지. 다들 그래야만 한다고 하니까.

누구나 해야 할 일과 하지 말아야 할 일을 정하고 벗어나지 않으려고 노력하며 살지. 나도 마찬가지야. 물론 '한 번은 괜찮아, 다음에 잘하면 되지, 누구라도 그럴걸.' 온갖 핑계로 은근슬쩍 넘어가는 일이 잦았지만. 하지 말아야 할 일은 해야 할 일보다 항상 가까이 있지. 그래서 자주 양심이 아팠어. 내 아버지를 요양원에 남겨두고 돌아오던 날 내 양심은 툭 소리를 남기고 영영 떠나갔어. 양심이 죽었으니 나는 살아도 산 사람이 아니야. 그토록 손가락질하던 그 일을 나도 했어. 곧게 편 손가락도 이제 얌전히 접어야겠지.

그날은 비가 억수같이 퍼부었어. 와이퍼는 정신없이 양팔을 내두르는데 아무것도 보이지 않았어. 내달리던 차들은 엉거주춤 멈춰 섰고 뒤따르던 나도 덩달아 섰지. 먹구름이 뒤엉켜 내려앉은 길은 낮인지 밤인지 분간조차 어려울 만큼 어두웠어. 온통 잿빛인 세상에서 오히려 마음이 놓이더라. 드디어 내가 지옥에 떨어졌구나 하고. 빗소리만 가득한 도로에 갇혀 아득해져 가는데 난데없이 차 안에서도 물방울이 툭툭 떨어지더라고. 그때야 내가 울고 있음을 알았어. 드라마 속 여주인공은 우는 모습도 예쁘기만 하던데 내 일그러진 얼굴에 그렁그렁한 눈물은 어찌나 처량하게 보이던지. 에라, 모르겠다 하고 목 놓아 통곡을 해버렸지. 흠뻑 젖어 이 길 끝에서 세상의 끝을 만나길 바랐어. 어쩌면 돌덩이 같은 마음을 내려놓을 수 있을지도 모르니까.

가장이 아닌 황제로 평생을 살아온 내 아버지. 이렇게 되고 보니 참고 받드는 것만이 최선이라고 생각하며 살아온 세월이 너무 아쉬워. 확신이 흔들리면 모든 것이 다 흔들리지. 만약에 안전이냐, 자유냐 둘 중 하나만을 선택해야 한다면 대부분 자유를 선택하지 않을까. 하지만 우리는 안전을 선택해야만 했어. 대가는 아버지가 치러야 했지. 말과 손짓으로 모든 것을 누리던 아버지의 몰락은 감히 누구도 상상조차 하지 못한 일이야. 우리 모두 상처를 입었지. 하지만 아버지에게는 세상이 무너진 거야. 평생 마음대로 살아온 아버지를 강제하는 것, 그 자체가 세상의 어떤 형벌보다 단호하고 가혹한 것이거든.

자유와 일상을 빼앗기고 리모컨조차 마음대로 줄 수 없는 돌봄은 구속이야. 현관문을 잠그지 않아야 밖을 그리워하지 않는다고 했어. 날마다 아버지는 요양원을 나가고 싶다고 해. 생수병의 물도 직접 따라 마시지 못하는 아버지가 밖에서 밥을 얻어먹더라도 혼자 살아보겠대. 자유로운 삶을 누리고 싶은 바람, 그것은 삶에 대한 의지가 아니라 삶의 주체가 되고 싶은 욕구야. 마땅히 아버지의 희망 사항대로 아버지다운 마지막을 같이 준비하고 지켜주어야 해. 하지만 나는 아버지의 간절한 바람을 모른척하고 있어. 해야 할 일은 외면하면서 내가 할 수 있는 일로 몰려오는 죄의식을 방어하지.

벌써 반년이 지났어. 아버지도 나도 지옥을 헤매고 있지. 지금도 여전해. 우리에 갇힌 호랑이처럼 갈수록 날 선 눈빛과 발톱을 드러내지. 유일한 창구가 되는 것은 생각보다 더 힘들었어. 가족을 향한 원망과 그리움을 나에게 전부 쏟아 내거든. 그래도 아버지가 내쳐졌다는 생각에서 멀어지도록 자주 찾아가고 어떻게든 대화를 이어가야 한다고 생각했어. 불행히도 나와 같은 생각을 하는 가족은 아무도 없어. 이젠 더 이상 어쩔 수 없대. 그래, 맞아. 어쩔 수 없으니 이렇게 된 것이지. 정말 힘든 것은 무엇인지 아니? 내가 지금 하는 일이 모두에게 최선인지 의심이 들기 시작했다는 거야. 하지만 나는 끝까지 아버지의 유일한 창구로 남아야 해. 우리 가족이 다시 뭉칠 수 있을 때까지 아버지와 함께 기다려주는 일, 그것이 내가 할 수 있는 최선의 돌봄이라고 믿으니까.

우여곡절 없는 사람이 어디 있을까. 내 인생을 돌아보는 것은 지극히 주관적인 해석이지. 주변에는 제법 많은 사람이 있어. 하지만 그들은 우연히 나와 같은 길을 가거나 같은 공간에 머물고 있을 뿐 내 길을 함께 가고 있지는 않아. 내가 그렇듯 그들 또한 나에게 그리 신경 쓰지도 않고 자신을 걱정하고 사랑하기에 바쁜 사람들이지. 나를 안다고 말하겠지만 내가 보여주는 것이 다야. 나머지는 그들의 짐작과 선입견이지. 결국 세상에 나를 제대로 아는 사람은 단 한 사람도 없다는 결론이 나오네. 혼자임을 기꺼이 받아들여야지. 혼자여야 자유로우니까. 온전한 내 삶을 여는 암호는 '자유'라는 두 글자니까.

'넘어졌다면 무언가를 주워라' 오즈월드 에이버리(Oswald Avery)의 말은 바닥을 살피라는 뜻이 아니야. 함부로 버려진 거리의 쓰레기처럼 구석진 세상에 내가 널브러져 있을 때 손에 꼭 쥐어지는 것이 있더라. 내미는 손을 기다리지 말고 혼자 일어나야 한다는 깨우침. 바보처럼 세상 탓만 하던 나는 어제를 살고 갔어. 나의 시간은 얼마나 흘렀을까. 이미 가파르게 기울고 있을 거야. 이렇게 끝나 버리는 건 싫은데. 정말 안 되는데. 하지만 나는 이제 아무것도 바라지 않아. 마른 눈물을 삼키고 속없이 웃으며 끝을 향해 나아갈 뿐이지. 인생은 그런 거야. 흘러가는 것. 흘러간 시간은 죽은 것이 아니야. 밥 로스(Bob Ross)의 덧칠 그림처럼 세월의 먼지로 덮여 있을 뿐이지. 이제 불쑥 찾아올 그 순간을 마중하러 나아갈 거야. 가는 길에 짐을 하나씩 스리슬쩍 흘려놓고 해방감을 맛보면서…

'인생은 해결해야 할 문제가 아니라 경험해야 할 현실이다.' -쇠렌 키르케고르

내 안의 모든 감각을 누리며

子曰(자왈) 知之者不如好之者(지지자불여호지자)요 好之者不如樂之者(호지자불여락지자)니라.
孔子께서 말씀하셨다. "아는 자는 좋아하는 자만 못하고, 좋아하는 자는 즐거워하는 자만 못하다."
(논어집주 옹야편 18장)

감히 나는 나를 樂之者라 칭한다. 知之者와 好之者의 경지를 차근
차근 넘어야만 한다면 평생을 바쳐도 누릴 수 없는 경지에 내가 서 있
다고 우기는 것이다. 내 멋대로 담을 넘고 샛길로 돌아가서 개구멍으
로 빠져나와 운 좋게 끼어든 樂之者의 삶. 하지만 단계를 건너뛰었다
고 거저 얻은 것이라고 한다면 나로서는 참으로 억울한 일이다. 노력
없이는 그 어떤 것도 얻을 수 없는 것이 세상의 이치거늘. 숱한 시행
착오를 겪으며 잔가지를 쳐내고 정제된 것을 만나게 될 때까지의 과
정 또한 앎의 과정에 속하지 않는가 말이다. 한없이 이어지는 지식의
지평선, 그리고 그 지식의 가치. 하지만 삶이야말로 세상 그 무엇보다
강하고 절대적인 가치가 있지 않을까.

耳順에 다다르면 하고 싶은 것만 하고 살아도 바쁠 나이다. 세월을
훌쩍 뛰어넘으며 정신없이 살면서도 나는 도시의 삶에 완벽하게 적

항아리 속 바다에 꽃잎 배를 띄우고

응했다. 가만 보면 날로 세련되어 가는 중이다. 하지만 확신은 없다. 문득 떠오른 나만의 생각일 뿐 지금까지 누구도 그렇게 말해준 사람도 없으니까. 모든 변화를 당연하게 여기며 앞으로 나아갔다. 찍어내는 기성복처럼 튀지 않는 사람으로 세상에 녹아드는 것이 성숙이라 믿었다. 이제 어디에 끼어도 편안해 보이지만 나만의 특별한 것은 모두 사라졌다. 감각을 누리지 못하고 오감이 전하는 메시지를 무심히 흘려보내는 동안 다른 인생을 살 수 있었던 기회도 따라갔을 것이다. 이제 와서 다른 인생을 꿈꾸는 것은 다음 생을 기약하는 것만큼 하릴없는 넋두리에 불과하다. 어떻게 보낼까 고민하는 시간도 낭비. 지금은 좋아하는 일을 즐기며 내 삶의 중심을 지켜야 할 때다.

　날이 갈수록 관절은 삐걱대고 눈은 흐려지며 생각은 자꾸 어지럽게 흩어진다. 신열은 약을 이기고 몸살은 뜨끈한 온수 매트를 이긴다. 나는 아플 때 병원 대신 시끌벅적한 연습실을 찾는다. 신기하게도 아픔이 사라진다. 오합지졸 밴드는 오는 순서대로 빈자리에 앉으면 결성된다. 드럼과 건반, 기타와 색소폰 주자가 자리를 잡고 마지막으로 노래방에서 90점은 넘길법한 아마추어 가수가 등장하면 합주는 시작된다. 시끌벅적한 이 공간에서 나는 줄곧 정신을 놓고 연주하며 혼자 불꽃을 태운다. 불협화음 속에서도 내가 내는 소음에 집중하며 자아도취에 빠져든다. 오합지졸 앞에는 볼록볼록 까만 방음벽이 있을 뿐 구경꾼 하나 없는데도 환성이 귀를 울린다. 누군가 지치면 곧 자리를 바꾼다. 그리고 다시 시작되는 합주. 어느새 나는 마이크 앞에 서 있다. 몇 곡 되지 않는 레퍼토리가 흐르면 에코는 나를 잠식하고 꼭 닫힌 합주실을 가볍게 넘어 세상을 향해 퍼져 나아간다. 그 순간 나는 BTS 못지않은 명가수다. 나의 잔병치레에 자아도취만큼 잘 듣는 약은 없다. 장르는 중요하지 않다. 때로는 아름답고 몽환적인 노래를, 때로는 시끌벅적한 노래를 지르듯 부르며 즐길 뿐.

아주 오래전 일이다. 학생 음악 콩쿠르대회에 나가서 좋은 성적을 거두지 못하고 풀이 죽어있는 나에게 어머니는 슬그머니 다가와 하모니카를 쥐여 주었다. 하지만 기쁨도 잠시, 보란 듯이 바이올린을 메고 아버지와 함께 나타난 아이가 얼마나 아프게 내 마음을 후벼 파던지. 하모니카를 얼른 감추고 나는 서럽게 울었다. 어머니 가슴에 아로새겨진 피멍은 모른 채 세월이 한참 흐른 후에야 그 하모니카가 얼마나 많은 것을 대신한 것인지 깨달았다. 철이 들어갈수록 그렇게 간절하게 갖고 싶었던 피아노는 작은 하모니카 뒤로 숨어 점점 더 멀어져만 갔다.

벌써 8번째 레슨이 끝났다. 피아노를 향한 가슴앓이를 너무 오래 방치하다 보니 흉통은 슬그머니 사라졌다. 좁은 집에서 자리만 차지하고 있는 피아노도 이제 늙어간다. 돌고 돌아와도 미련이 남아 있으니 도전해 보기로 했다. 흑단(ebony)으로 만들어진 검은 건반은 가지런한 흰 건반 위에서 더욱 광채가 난다. #과 ♭이 붙은 악보는 겁부터 나지만 반음의 소리가 얼마나 매혹적인 음을 내어 감정을 뒤흔드는지. 꼭 닫힌 문을 다시 한번 확인하고 조심스럽게 손가락을 움직여본다. '도레미파솔솔파미레도' 고작 다섯 개의 음으로 그렇게 많은 노래를 연주할 수 있다니. 성인용 교본 1권이 딱 세 장 남았다. 나는 천재인가 보다.

기타는 피아노에 대한 갈망을 달래기 위한 것이었다. 언제 어디서든 솔로 연주가 가능하고 몇 개의 코드만 익히면 노래 반주도 할 수 있다. 하지만 금속으로 되어있는 현을 눌러 소리를 내기 때문에 손끝의 통증을 이겨내고 굳은살을 만드는 것이 우선이다. 기본기인 코드 반주를 넘어 본격적인 연주로 들어가면 더욱 어려워진다. 나는 여기에서 멈춰있다. 더 나아갈 의욕도 없으려니와 지금 충분히 즐기고 있기 때문이다. 더 솔직히 말하자면 아무리 재미있어도 어려운 것은 싫다. 하지만 나는 무대를 갈망한다. 벌벌 떨다가 내려올 것을 알면서도 나는 언제나 기타를 메고 짠! 나타날 준비가 되어있다.

날마다 허물어지던 영혼을 날마다 깨어나는 영혼으로 만들어준 문학동아리 '글풀'. 하얗게 비어 있는 머릿속을 헤집으며 문장을 만들어가고 있는 지금 나는 글쓰기 과제를 즐긴다. 집중하다 보면 잡생각은 사라지고 새 기운이 솟는다. 자신을 돌아보는 시간에 몰입하여 뜻밖의 깨달음을 얻고 작은 성취를 확인할 때 가슴이 뜨거워진다. 글을 쓰는 시간은 곧 정화의 시간이다.

단순한 삶이 주는 것은 생각보다 크다. 나는 더 이상 경쟁하지 않는다. 매시간 내 안의 모든 감각을 누리며 조화롭게 즐기는 탐미주의자로 살고 싶다. 내 모든 일상은 숭숭 뚫린 결핍의 구멍을 채워 나가는 과정이다. 다 채워져 있었더라면 나는 이 소소한 즐거움을 만끽할 수 있을까. 樂은 정진에만 있는 것은 아니다. 채울 수 없는 욕심의 무게만 덜어내면 더 가까이 다가온다.

보통의 행복

나는 보통 사람입니다. 물론 내 기준으로 그렇다는 얘기지요. 뛰어나지도 않고 열등하지도 않은 그만저만한 사람이니까요. 각양각색의 사람이 엉켜 사는 세상에서 보통 사람의 범주를 정의하기는 참으로 어려워요. 그저 이도 저도 아닌 중간쯤에 내가 어정쩡하게 섞여 있으니 나는 보통 사람이구나 하고 믿게 된 거지요.

자신은 머리가 참 좋다는 말을 쉽게 얘기하는 사람이 있어요. 가끔은 나도 질세라 아이큐를 5포인트 정도 높여서 허풍을 떨기도 해요. 그래 봐야 좋지도 나쁘지도 않은 어지간한 수준의 수치로 방어할 뿐이지요. 심지어 어떤 이는 자기 아이큐가 150을 넘는다고 하더군요. 간신히 참고 있다가 혼자 집으로 돌아오면서 배꼽 빠지게 웃었어요. 그의 허풍이 나보다 한 수 위인 건 기꺼이 인정했지요. 하지만 아이큐 150이라는 그의 말은 전혀 사실로 받아들이지 않았음을 부인하지 못하겠네요.

이제야 그의 말이 사실일지 모른다고 생각해요. 내 기준으로는 그가 보통 사람의 범주에 있어 허풍이라고 섣부른 판단을 한 것 같아요. 어쩌면 그는 보통 사람의 얼굴로 성공적인 삶을 살고 있는지도 몰라요. 그렇다면 나는 그의 높은 아이큐를 의심할 자격도 이유도 없다는 결론이 나오네요. 물론 머리가 좋은 것은 강점이지만 성공으로 바로 연결되는 것도 아니죠. 성공의 척도 또한 명확하지 않아요. 성공은 물질적인 성취나 높은 지위만을 의미하는 것이 아니기 때문이지요. '나'란 존재가 어떤 사람으로 인식되는지, 다른 사람과의 관계는 어떤 의미가 있는지, 어떻게 상호작용하는지도 중요하죠. 때로는 긍정적인 인간관계가 뜻밖의 기회를 열어주고 큰 힘이 되어 주기도 해요. 서로의 감정을 잘 이해하고 버무려 조절할 수 있는 정서적 지능이 관계의 상호작용에서 큰 역할을 하기 때문이에요.

사람들은 누구나 자신이 속한 그룹이나 네트워크 안에서 인정받고 존경받기를 원해요. 더 많은 영향력을 발휘하기 위해 끊임없이 배우며 성장해 가는 노력도 멈추지 않지요. 성공은 무엇일까요? 인정과 존경을 받으면 성공한 사람일까요? 반대로 인정과 존경을 받지 못하면 실패한 사람일까요? 어떤 사람은 무소불위의 권력을 쥐고도 사람들의 온갖 비난과 손가락질을 받지요. 그래도 그는 성공한 사람일까요? 나는 모르겠어요. 성공은 나에게 여전히 추상적인 단어일 뿐 정녕 모르겠어요.

한때 나도 무엇인지조차 모르면서 성공을 좇았죠. 꽤 긴 시간이 흘렀어요. 내 젊음이 그렇게 다 지나갔으니까요. 이제는 성공을 떠올리며 살지 않아요. 하지만 나는 불행하지 않죠. 하루하루 스치는 소소한 일상이 나를 행복하게 하고 내일을 기다리게 해요. 모깃소리만 한 내 목소리가 가슴으로 파고들어요. 괜찮아. 나는 보통의 삶을 살고 있을 뿐이야. 실패한 인생은 아니야.

나는 보통 사람입니다. 뛰어난 사람은 아니지만 그렇다고 둔한 사람도 아니지요. 나대는 성격의 내가 머리까지 좋았다면 얼마나 꼴 보기 싫은 인간이 되었을까요. 손가락질이 졸졸 따라다녔을지도 모르지요. 부족하기에 남의 이야기를 더 듣고 배우려고 노력했겠지요. 세상에는 나보다 머리 좋은 사람, 잘난 사람이 넘쳐납니다. 내 아이큐는 플러스마이너스 5로 120 언저리에 있지요. 그래도 크게 힘들지 않았어요. 열심히 공부하면 한 만큼 점수가 나왔고, 안 하면 정직하게 점수가 나왔으니 억울한 적도 없었고요. 지금껏 인정받고 존경받는 사람은 아닐지언정 손가락질은 받지 않고 살았으니 그만하면 보통의 삶을 살아온 것이지요. 요즘 나는 이 말을 달고 삽니다. '얼마나 다행이야.' 잘나서 질시 받을 일 없고, 못나서 휘둘릴 일도 없으니 정말 얼마나 다행한 일입니까.

나는 보통 사람입니다. 예쁘지 않지만 못생기지도 않은 평범한 얼굴이지요. 자꾸 보고 오래 보니 나름 정이 가는 얼굴이기도 해요. 한때는 예쁘지 않은 얼굴이 마음에 들지 않아 원망도 많이 했어요. 특히 여드름이 돋았을 때는 박씨부인전을 떠올리며 밤마다 허물이 벗겨지기를 기도하며 꿈까지 꾸었지요. 지금 생각해 보면 참 그런 허무맹랑한 옛날이야기를 믿고 왜 숱하게 좌절했는지 모르겠어요. 어느덧 시들어가는 나이가 되고 보니 깊어지는 주름이 심히 서럽지 않으며 오히려 참 다행이란 생각마저 드는군요. 남들처럼 병원 문턱이 닳도록 들락거리며 제 얼굴을 괴롭히는 마음도 이유도 없다는 사실도요. 하지만 지금도 예쁜 척하는 친구들 보면 참기 힘든 것은 여전해요, 이 나이에 동안 타령이라니. 글쎄 말이 되냐고요.

나는 보통 사람입니다. 가난하지도 부자도 아닌, 솔직히 말하자면 가난한 쪽에 가깝겠지만 그냥 보통이라고 하고 싶어요. 의무와 책임만 한 지게를 짊어지고 살아왔어도 나는 누구에게 기대 본 적이 없으니 부채는 빈 지게이지요. 빚이 없다는 것은 내 인생에 저당권설정이 없다는 말과 같습니다. 빚이 없는 것은 얼마나 큰 행복인지 긴 세월 빚을 갚아 보지 않은 사람은 절대 모르지요. 가진 것이 많지 않으면 적게 쓰면 될 일입니다. 나는 가진 것에 만족하며 살 줄 아는 지혜를 터득했으니 가난해도 가난하지 않게 살 방법을 알고 있는 셈이지요.

밋밋하고 익숙하며 자극적이지 않아 편안한 맛, 언뜻 스치는 무맛인 것이 나 같은 보통 사람의 행복이랍니다.

이별은 노래처럼

.

안녕이라고 말하지 못한다. 이미 멀찌감치 서 있으면서도 제자리에서 멈칫대고 있는 것처럼 시치미를 뗀다. 하지만 무슨 상관이란 말인가. 이제 아무런 의미가 없다. 안녕이란 말은 완전한 이별형식을 위한 마침표로 남아있을 뿐이다. 홀로 돌아가는 길은 곧은 길보다 꼬부랑길이 좋다. 높고 낮은 언덕이 이어지는 길이면 더 좋다. 뒤돌아보지 않겠지만 혹시 실수로 뒤돌아봐도 하얗게 빛나는 길에서 이별을 실감하게 될 것이다. 점점 느려지는 걸음마다 미련을 함께 묻어버리자. 텅 빈 가슴은 곧 상실감이 채우고, 그로 인해 한동안 휘청이겠지만 감정도 시간을 따라 쉼 없이 흘러간다. 감정이 흐르는 시간은 생각보다 짧을 수도, 길 수도 있다. 흘러가는 길을 막지 않도록 중심에서 벗어나자. 비켜서 있으면 곧 삶 속의 사소한 드라마 한 편으로 막을 내릴 것이다.

삶 속의 드라마는 끝없이 벌어진다. 때로는 단막극으로 막을 내리기도 하고, 알맹이 없는 드라마가 길고 지루하게 이어지기도 한다. 단조로운 일상은 시간의 흐름을 가린다. 자신이 주인공임을 인지하지 못

항아리 속 바다에 꽃잎 배를 띄우고

한 채 TV 드라마를 보는 것처럼 살아간다. 그러다가 불쑥 나타난 세상의 끝에서야 비로소 내 삶 속의 사소한 드라마에 주의를 기울인다. 이해하기 위한 힌트를 살피기 시작하자 보이지 않던 것들이 사방에서 보인다. 헛된 욕망의 구덩이에 던져진 시간의 비늘이 바짝 말라 바스락거린다. 되돌아갈 수 없음을, 이미 늦었음을 깨닫는다. 하지만 작은 것 하나도 끝내 내려놓지 못한다. 미련과 아쉬움은 고스란히 후회로 남아 마른 가슴을 쥐어짠다. 흐려지는 기억 사이로 또렷하게 다가오는 것은 아프고, 슬프고, 뼈아픈 후회의 기억이다. 흘러내리지 못하는 진득한 눈물이 클로즈업되면서.

삶은 시간의 흐름을 따른다. 매일 아침이면 같은 해가 다시 솟아올라 하늘을 가로질러 저 너머로 넘어간다. 겨우내 찬 기운을 뿜어내던 눈도 봄기운에 맥없이 사라진다. 세상 어느 것 하나 영원한 것은 없다. 우리 생활도 순환에 따른다. 매일 끊임없이 변화가 일어나는 듯해도 순환의 동그라미를 그려놓고 난 뒤 돌아보면 아무것도 변화한 것이 없다. 악착같은 삶도 빈둥대는 삶도 각자의 궤적이 그려진 순환의 동그라미를 벗어나지 못한다. 작은 변화에 크게 울고 웃는다. 어쩌면 우리는 가질 수 없는 것을 좇으며 살아가는 것은 아닐까. 삶과 죽음은 양극으로 멀리 떨어져 있는 것이 아니다. 나란히 서서 시소가 기우는 쪽으로 받아 줄 준비를 하고 있을 뿐 다툼도 없다. 순환의 시작과 끝은 결국 한 점으로 모인다.

운명은 심술궂은 장난꾸러기다. 공평함을 싫어하고 몰아주기를 즐긴다. 엎친 데 덮치는 가혹한 운명의 주인공은 파란만장한 삶을 산다. 얼마나 혹독한 운명의 파도이기에 만장을 넘는다고 과장을 하겠는가. 하지만 삶은 세상 그 무엇보다도 강하다. 걸음마를 시작하고 넘어진 경험 없이 달리기를 할 수 있는 사람은 없다. 상처는 쓰라림의 고통을 겪으며 낫는다. 경험을 통해 터득한 지식은 자유롭고 힘이 넘친다. 자유는 무엇이든 가능하게 한다. 거듭되는 실패에도 다시 설 수 있는 용기와 힘이 있기 때문이다. 얻은 지식은 힘이 없다. 보지 않는 책처럼 서가를 채워갈 뿐이다.

내가 원한 사랑은 달콤한 사랑이 아니었다. 나를 보호해 줄 사람, 험한 세상 속으로 집어 던지지 않을 사람, 아프면 보살펴주고 고쳐 줄 사람이 사랑인 줄 알았다. 든든한 울타리가 되어 줄 사람이 백마를 타고 나타나기를 기다렸다. 작은 호의에 감동하고 사랑이라고 내 마음대로 정의했다. 굴레에서 벗어나게 해 줄 동아줄이라 믿고 온 힘을 다해 매달렸다. 가장 먼 곳을 가고 싶었고, 그로 인해 안전한 곳에 갇히고 싶었다. 하지만 기대가 만들어낸 허상이었음을 알게 되기까지 그리 오랜 시간이 걸리지 않았다. 잔물결에도 소란스러운 해변의 자갈처럼 소리만 요란하면서 특별한 빛을 비출 때만 빛나는 가짜 인연이었다.

모래밭에 세워진 감정의 둑은 미세한 틈이 생기자마자 와르르 무너졌다. 지렛대를 계속 누르는 스키너상자 속 쥐처럼 미련의 부스러기를 찾는 내게 본능은 자신을 믿고 의지하는 것이 살아나는 길이라고 소리쳤다. 하지만 쉽지 않았다. 해가 있을 때는 아무렇지 않았다. 어둠은 짙어지고 깊어진 적막 안에 별빛만 점점 또렷해질 때 잘 정리된 옷장처럼 가지런하던 마음이 뒤집혔다. 밉다가 그립다가 서럽다가…. 거짓된 인연에 대한 미련은 이미 사라졌지만, 그에게 얹었던 기대와 정서적 의존을 버리기 힘들었다. 인생 최악의 순간은 더디게 흘러가고 새벽의 이불을 덮고 나서야 잠이 들었다.

시간이 약이다. 진통을 겪은 후 보너스처럼 성장을 경험했다. 세상에 믿고 의지할 수 있는 사람은 나 자신뿐이라는 사실, 두려움만 통제할 수 있으면 스스로 충분히 극복 할 수 있는 힘을 갖추고 있다는 자각이다. '오스카 와일드'는 '세상에서 가장 슬픈 일은 사랑하는 사람을 잃는 것과 사랑하는 사람을 얻는 것'이라고 했다. 이 말은 그만큼 잘 사랑하는 일도 잘 헤어지는 일도 어렵다는 뜻이다. 이별을 피할 수 없다면 이별을 받아들이는 것도 사랑의 과정 중의 하나로 여겨야 한다.

내 머릿속에는 지우고 싶은 기억마저 안전하게 저장된 개인용 클라우드가 있다. 필요한 기억은 숨고, 방심한 사이 떠올리고 싶지 않은 기억이 불쑥 튀어나와 마음을 어지럽게 한다. 잘 살아왔다면 마음이 어지러울 이유가 있을까. 하지만 아쉽게도 수많은 시행착오를 거쳐 지금의 내가 있다. 지금으로써는 방법이 없다. 돌아갈 수도, 돌이킬 수도 없기 때문이다. 내 마음속에서 놓아주는 것, 그리고 같은 실수를 되풀이하지 않도록 경계하는 것이 최선이다. 이제 인생의 기록을 쌓아가며 짐을 만드는 것보다는 적절히 지우고 삭제할 줄 아는 지혜로움이 필요한 나이가 되었다. 안경 위에 또 안경을 걸쳐 쓰고, 손에 든 물건을 찾거나 냉장고 문을 열고 멍청히 서 있는 일이 잦아졌다.

이별을 준비한다. 말에 마음을 담으려 하지 않으련다. 쓸데없는 말이 너무 많아질 테니까. 노래하듯 고맙다 사랑했다 말하자. 그리고 마음을 담은 고운 소리로 이별의 노래를 부르리라.

나로 살아가는 법

인생의 아름다움에 거하라 -마르쿠스 아우렐리우스

 잠은 달다. 오죽하면 꿀잠이라는 말까지 생겨났을까. 몸과 마음을 풀어놓고 깊은 잠에 빠져있는 시간은 꿀처럼 달콤한 회복의 시간이다. 회복은 재충전을 의미한다. '잠이 보약'이라는 말도 있다. 잘 자고 일어나 만나는 새날의 아침은 힘이 넘친다. 햇살이 창문을 두드리며 아침의 신호를 보내올 때 나는 천천히 의식의 세계로 돌아온다. 밤의 그림자가 거무스레하게 꾸물거리는 방안에도 구석구석 빛이 스며든다. 퐁퐁 솟아나는 옹달샘의 노래처럼 맑고 청량하다. 새날은 새롭게. 그래, 나는 준비됐어!

 겨울이 성큼 다가왔다. 두툼한 옷을 챙겨 입었지만 파고드는 바람이 제법 차다. 요즘은 긴소매 옷이 잘 팔리지 않는다고 한다. 반소매 옷에서 겨울 패딩으로 건너뛴다는 것이다. 아직 영상의 기온인데도 벌써 무릎이 시리다. 겨울은 나에게 힘겨운 계절이다. 옷을 껴입자니 둔해서 갑갑하고 가벼운 옷으로 버티자니 유난스럽게 추위를 탄다. 잔뜩 웅크리고 오들오들 떨다 보면 구부정한 몸 여기저기서 삐걱대는 소리가 들린다. 점점 추위를 핑계로 실외 활동이 줄어들고 동면을 준비하는 반달곰처럼 푸근한 몸이 되는 것도 시간문제다. 피하지방의 두께와 이불속에 머무는 시간은 정비례한다. 가만 보면 인간은 그럴싸한 거짓말로 자신마저 속이는 재주를 가졌지만 한 술의 식탐이 낳은 한 꼬집의 뱃살은 어쩌지 못한다. 나로서는 다행스러운 일이다. 먹은 만큼 정확하게 불어나는 부피의 압박이 없다면 종잡을 수 없는 나의 성질머리를 따라 식탐마저도 날뛰게 될 테니까.

계절의 경계가 희미해진다. 따라서 계절이 바뀔 때마다 끓어오르던 나의 감정도 점점 무뎌지고 빠르게 식는다. 가고 오는 것은 거의 내 영향권 밖에서 결정되는 일이다. '나'란 존재도 세상에 나올 때처럼 끝을 향한 항해도 결국 흐름을 따라가고 있지 않은가. 자연에 순응하며 조화롭게 살다 가는 것이 사람답게 살아가는 것이다. 한기를 느끼면 한 겹의 옷을 더 껴입거나 두툼한 옷으로 체온을 유지하는 것이 해결책이다. 호들갑은 전혀 도움이 되지 않는다. 11월 셋째 주 월요일, 나는 내복을 꺼내어 입었다. 따숩다. 성큼 다가온 겨울 앞에서 한바탕 호방한 웃음을 터뜨린다. 이제 기나긴 겨울의 시작은 느긋하고 자연스럽게 맞이할 줄 안다. 벌써 나는 육십 번째 아니, 만으로 따지면 오십구 번째 겨울을 맞이하고 있지 않은가. 아직도 두렵다면 그것은 엄살이다. 자, 나는 겨울을 마주할 만반의 준비를 갖췄다. 겨울아, 덤벼라!

침착하게 채비를 시작한다. 어차피 일 년을 보내는 동안 꼭 서너 번은 거쳐야 할 일, 병원행이다. 명확한 원인, 뻔한 결말이 보이니 두려움은 없다. 두려운 것은 미지수다. 무슨 일이 생길지 모르기 때문에 겁이 나는 것이다. 하지만 한 번 맞닥뜨리고 나면 두려움은 금세 키가 쪼그라든다. 내 식탐이 문제다. 다른 것은 잘 참을 수 있는데 맛있는 김치 앞에서는 매번 이성을 잃고 만다. 김장 김치 앞에서는 특히 그렇다.

곰삭은 황석어 젓갈이 끓기 시작하자 내 속도 들끓는다. 미나리, 갓, 쪽파, 마늘, 무채, 고춧가루, 액젓, 생새우…. 커다란 통에 온갖 양념을 모아 섞기 시작하자마자 나는 간을 보겠다고 나선다. 잘 버무려진 새빨간 김칫소는 세상 어떤 음식보다 맛깔스럽다. 절인 배추의 노란 속잎을 떼서 김칫소를 얹으면 감칠맛이 최고다. 그야말로 환장할 맛이다. 여러 번 간을 보다 보면 이 맛 저 맛이 뒤섞여 결국 짠지 싱거운지조차 분간하기 어렵다. 그저 맛나다. 고기 한 점 올려 먹으면 더 맛있고 굴 하나를 얹어 먹으면 상큼한 맛이 일품이다. 어이 환장하지 않겠는가.

의사의 처방은 거의 맞춤형이다. 엉덩이에 맞는 주사, 항생제가 듬뿍 들어간 약 사흘분, 별도 처방된 액상 지사제 한 묶음. 빈속으로 하루를 견디자 거의 정상의 컨디션으로 돌아왔다. 아직은 괜찮은 회복력이다. 사흘은 빨갛고 기름진 음식을 멀리하라는 의사의 당부를 착실하게 지키는 것으로 올해의 김장도 해피엔딩으로 마무리했다.

월동 준비는 끝났다. 가난한 식탁을 풍성하게 채워주는 김치를 보니 아버지가 생각난다. 평생 식탐을 모르고 살아온 내 아버지. 생일이든 명절이든 정량의 밥 한 공기를 끝으로 단호하게 밥상을 물렸다. 김장하던 날, 우리 집에 와서도 쌈은 마다하고 고기 몇 점에 몇 가닥의 겉절이, 쓰디쓴 소주 몇 잔을 끝으로 젓가락을 내려놓았다. 아버지의 젓가락질은 유난히 느렸고 정확한 트라이앵글을 그렸다. 밥, 국, 김치

또는 밥, 찌개, 고추 조림을 오가며. 나도 아버지처럼 젓가락을 천천히 움직여 트라이앵글을 그린다. 밥에서 국으로 국에서 김치로.

 -너도 아버지처럼 살래?

 -아니

 세상에, 내가 이처럼 단호한 두 음절의 대답을 한 적이 또 있던가.

 내 아버지도 늘 이렇게 말씀하셨다.

 -나는 죽어도 내 아버지, 네 할아버지처럼은 안 살란다.

하지만 아버지는 아버지의 아버지, 내 할아버지로 빠르게 변해간다. 아버지는 지독한 에고이스트(Egoist)다. 흔들림 없는 자기 확신, 철철 흐르는 자기애. 아버지의 오래된 속성이며 본연의 모습이다. 세상은 자신을 위해 만들어진 공간이며 가족은 물론 다른 사람 모두 자신의 삶을 완벽하게 채우기 위한 필요조건에 불과했다. 아버지는 끝내 모를 것이다. 완벽은 채워서 이루는 것이 아니라 비워서 가까워지는 것을. 아! 그래서 아프고 또 슬프다.

 인생은 고통과 행복을 비벼 꼰 새끼줄이다. 행복한 순간 아픔을 동시에 느끼는 이유다. 그 어떤 것도 한자리에 머무는 것은 없다. 그러니 어디에도 나를 얽지 않고 유연하게 살아갈 것이다. 내 생각이 아닌 생각들이 나를 더 이상 지배하지 못하도록. '너는 너무 생각이 많아' 다정함이 가득한 얼굴로 나를 걱정하는 말이다. 하지만 괜한 참견이다. 지금 나에게 남은 과제는 결과가 아니다. 하루를 살아도 내가 믿고 결정한 삶을 살아가는 것이다.

힘 빼고 천천히

무의식 속을 유영한다. 힘이 들어가지 않는 편안한 영법, 배영이다. 몸에서 힘만 빼면 다 배운 거라던 강사의 말은 거짓말 같지만 진짜였다. 아무리 허우적거려도 소독내가 진동하는 물로 금세 배가 터질 지경인데 물 위에 누워 힘을 빼라니. '너나 실컷 해라' 의심하고 말 안 듣고 운동신경까지 열등한 내가 물 위에 누워 떠 있게 되었을 때 나는 기적을 체험하였다. 아직 어리둥절해 있는 양팔을 천천히 교차로 돌려주고 축 늘어진 양발을 휘적휘적 움직여 의식을 찾아간다. 전화벨이 먼저 울렸던가. 창문을 톡톡 두드리며 부르는 새의 노래가 먼저였던가. 아다지오 리듬이 깨지는 찰나 출렁하며 의식이 돌아왔다.

이른 새벽에 걸려 온 전화는 대부분 반갑지 않은 소식이다. 역시 부고다. 몇 달 전 시한부를 선고받았으니 뜻밖의 죽음은 아니다. 어처구니없게도 정확한 시한부를 선고한 의사가 먼저 궁금해진다. 산 자의 공간을 덮쳐 온 죽음의 그림자는 차갑고 눅눅한 기운으로 따사로운 빛과 긍정의 에너지를 탐욕스럽게 삼킨다. 찬란한 아침은 문밖에서 무심히 빛나고 있다. 각자 상념에 젖어 고요해진 집안. 문득 주섬주섬 챙겨 나가는 사람을 배웅하고 다시 멍해진다. 남편이 '한 번만', '잠깐만'을 사정해도 끝내 가지 않겠노라고 선언했지만 결국 가게 될 것이다. 죽은 자를 위한 자리지만 오로지 산 자를 위해.

망자의 영정을 무심히 지나쳐 곧장 문상객이 붐비는 식당으로 향했다. 지나간 세월은 그들을 비켜 간 모양이다. 오히려 더 훤해진 얼굴이다. 주춤거리며 다가와 인사를 건네는 사람, 억지스러운 호들갑으로 반기는 사람, 허리를 반으로 접어 깍듯이 인사를 하는 사람. 허깨비처럼 앉아 저 멀리 보이는 벽을 바라보며 다른 생각을 애써 떠올려보지만 묵음의 길고 긴 플래시백이 펼쳐진다.

벽만 노려보고 앉아있다가 일어서는데 검은 그림자가 다가와 내 몸을 덮치듯 안았다. 화들짝 놀라 밀어내자 더 세게 끌어안고 울먹인다. "이제 용서해줘" 손가락 하나하나를 뜯어내듯 떼어놓고 말했다. "이러지 마세요." 당황의 기색이 역력한 사람을 뒤로하고 끝내 망자의 영정에 눈길조차 주지 않은 채 돌아섰다. 용서할 수 없어서가 아니라 용서할 것이 남아 있지 않아서다. 이미 지나간 일이다. 그들이 낯선 만큼 스치는 기억도 멀다. 나의 등장은 눈도 마주치지 못하며 '잠깐만'과 '한 번만'을 사정하던 남편을 향한 최선의 성의 표시였을 뿐이다.

어떤 인연은 교통사고와 같다. 좋은 사람을 만나 좋은 시간을 함께하고 좋은 관계를 유지하고 싶은 것은 당연한 바람이다. 하지만 내 의사에 반하는 인연도 교통사고처럼 피할 수 없는 것이 인생이다. 남편을 만났을 때 나는 결코 욕심이 크지 않았다. 부족하지만 힘을 합쳐서 비루하지 않게 살겠다는 각오와 꿈을 가졌을 뿐이다. 불행히도 우리는 그 꿈마저도 자유롭게 펼쳐보지 못했다. 내가 그렇게 벗어나고 싶었던 맏이로서의 짐은 스스로 짊어진 것이었지만 남편의 짐은 제일 착하고 유약한 가족에 대한 착취의 족쇄고 굴레였다. 그리고 그것들은 남편의 옵션으로 따라와 나에게 들러붙었다. 살려고 머리를 맞대는 대신 벗어나기 위해 몸부림치는 시간이 흘러갔다. 점점 깊어지는 늪에서 허우적대며 악몽에 시달리고 밝은 세상에 나가면 멀미를 하던 세월. 나는 그렇게 시들어가다 쓰러졌다.

벌써 10년이 흘렀다. 삶과 죽음의 경계를 맴돌다가 다시 삶으로 돌아온 지도. 내 삶은 분노로 차 있었다. 증오는 상대를 찾아가지 못하고 되돌아와 나를 좀먹었다. 벼랑 끝에서 세상의 끝을 마주했을 때 나는 오히려 담담했다. 드디어 끝인가. 딸이 대학원에 다닐 때였으니 제 앞가림은 할 나이가 되었고 남편은 아직 젊으니 새 인생을 살 수도 있을 것이다. 부모님에게는 나 말고도 여섯의 딸이 있고, 삼대독자 귀한 아들도 있으니 슬픔이 지나가고 나면 곧 안정을 되찾을 것이다. 나 또한 세상에 대한 한 점의 미련도 없으니 어쩌면 지금이 가장 이상적인 이별의 시간이 아닐까 생각했다.

투병의 고통은 놓칠뻔했던 나의 인생 2막을 열어주었다. 세상 끝에 닿아 본 사람은 주저할 것도 두려운 것도 없다. 가장 먼저 하잘것없고 가치 없는 관계의 사슬을 끊었다. 끝내 떨어지지 않으면 도려낼 각오로. 멀찍이 떨어져서 보니 온갖 도발과 시도는 저질 코미디처럼 우습기만 했다. 그 어떤 수도 영향은커녕 신경 쓸 필요조차 없는 것이었다. '겨우 그거였어' 기억은 그 기억의 주인을 따라 사라지거나 죽는다. 다시는 보지 않을 낯선 사람을 용서하기는 쉽다. 그들은 그렇게 점차 멀어지고 흐려지다 지워졌으니까.

아무리 완벽하고 단단한 사람이라도 교통사고와 같은 인연을 피할 수는 없다. 하물며 무르고 약해빠진 내가 피한다고 피할 수 있을까. 어차피 내 뜻과는 반대로 돌아가는 세상이다. 어찌 되든 상관하지 않기로 했다. 중요한 것은 어떤 영향도 나를 흔들지 못하도록 내 삶을 내 멋대로 살아 보겠다는 결단이다. 작은 내 세상 안에 반짝이는 행복이 있다. 때로는 반짝이는 줄도 모르고 지나치지만 그래도 내 세상 어딘가에 고인다. 원하는 것을 찾아가고 좋아하는 것을 즐기며 나와 나를 잇는 과정에 집중한다. 진짜 적은 두려움과 분노를 먹고 자란 내 안의 적의(敵意)다. 제대로 잘 살지 못한 나를 너그럽게 끝없이 용서한다. 흐르는 시간 속에서 그 흐름을 느끼지 못한 채 과거에 붙잡혀 있는 것은 무너지는 인간이다. 상처의 기억이 남은 내 삶을 지배하지 않도록 시간의 흐름을 따라 힘을 빼고 천천히 앞으로 나아갈 것이다. 삶의 끝에서 다시 마주하게 된 기억은 아프지 않도록.

내 이름은 마더

아름드리나무 꼭대기에 갈바람이 걸터앉았어. 높아진 하늘과 입맞춤하더니 실어 온 가을의 숨결을 슬쩍 풀어 놓더라. 아직은 느긋한 걸음이야. 마른 잎이 하나둘 떨어져도 그늘은 여전히 푸르거든. 처음엔 다 그래. 조심스러운 걸음으로 다가와 숨을 죽이고 있다가 때가 되면 벌떡 일어나 정체를 드러내지. 하지만 한창은 잠깐이야. 화려한 날은 너무도 급하게 저물거든. 갈바람의 입김에 매미의 울음이 잦아들어도 애써 모른 척하며 곁눈질로 가을을 맞이하는 중이야. 어차피 어찌할 수 없는 일이잖아.

가끔 아무도 없는 엘리베이터 안에서 거울을 보며 춤을 추곤 해. 물론 근본 없는 막춤이야. 신기하게도 짧은 몸부림으로 가벼워지는 것을 느끼지. 시나브로 하루의 찌꺼기와 부정한 것을 털어내는 의식이 되었어. 온전한 쉼의 공간을 지키기 위한 나만의 굿이라고나 할까.

춤은 곧 '흥'이라고 생각했어. 바짝 마른 풀숲에서 홀로 흐느적흐느적 춤을 추며 한 어머니가 등장하기 전까지는. 그녀의 작은 몸에 서린 귀기가 흘러나와 스크린을 덮었지. 무표정한 얼굴로 비틀고 털어

항아리 속 바다에 꽃잎 배를 띄우고

내는 몸짓 하나하나가 무음의 메시지를 전하며 짓누르듯 압박해왔고 금세 나의 혼을 사로잡았어. 그녀의 이름은 '마더'야. 힘은 약해도 강해져야만 하는 어머니의 또 다른 이름이지. 내 이름이기도 하고.

그녀는 참으로 지난한 삶을 살아왔어. 나아질 것 없는 삶은 현재 진행이며 끝 또한 기약이 없지. 지능이 낮은 아이를 홀로 키워오며 때로는 형벌이라고 생각했을 거야. 그녀에게 찾아온 특별한 아들은 축복이 아니라 저주라는 생각도 수없이 스쳤을 테고. 그럴 때마다 죄의식이 몰려와 그녀의 사랑을 집착으로 이끌었겠지. 자식을 위해서라면 기피 할 것도 부끄러워할 것도 없는 것이 모성애야. 냉담한 세상에서 홀로 견뎌온 그녀가 가장 두려워하고 견디기 힘든 것은 무엇일까. 아들도 자신처럼 끝없이 무시당하면서도 자신의 소리를 내지 못하고 살아가는 것이 아닐까.

나는 준비된 엄마가 아니었어. 그러니 열 달의 기다림은 얼마나 다행스러운 일인지 몰라. 언제쯤 나의 반쪽 이상을 닮은 생명이 내 품을 파고들 것인지 미리 알고 기다릴 수 있었기 때문이지. 사랑은 생겨나고 자라고 꽃 피우고 열매 맺고 시들어 사라지는 자연처럼 흘러가. 내 아이를 지극정성으로 돌보는 것은 본능이야. 따라서 학습이 필요 없었지. 하지만 아이가 성장해 갈수록 부족한 나를 보게 되었어. 자신은 옆으로 걸으면서 자꾸 똑바로 걸으라고 호통치는 어미 게처럼 나는 넘지 못한 한계를 내 아이에게는 뛰어넘어야 한다고 강요했지. '콩 심은 데 콩 나고 팥 심은 데 팥 난다.' 지극히 단순하고 확실한 명제를 부정하면서 말이야.

나는 여전히 결핍의 구멍이 숭숭 뚫려있는 불완전한 어미야. 아직도 내 결핍을 가리려는 욕심이 자식을 향한 사랑이라고 착각하기도 하지. 내 품을 파고들던 온기는 점점 멀어지고 있어. 거침없이 세상으로 나아가며 당차게 자신의 소리를 내기 시작했거든. 나의 부족함을 쏙 빼닮았어도 괜찮아. 자그마한 얼굴에 콧날은 나보다 훨씬 높고 날렵하며, 키는 10cm나 더 커. 그럼 됐지 뭐. 아무렴.

　나의 한창인 시절은 지나갔어. 화려한 날이 있었는지 없었는지 기억조차 없어. 하지만 아직 그대로인 것도 있지. 내 아이를 처음 안았을 때 시작된 사랑이야. 따뜻하게 번지는 숨결처럼, 달콤하게 퍼지는 숨소리처럼 지금도 촉촉해.

항아리 속 바다에 꽃잎 배를 띄우고

이불 킥

파팍! 이것은 입에서 나오는 소리, 펄럭! 이것은 난데없는 발길질에 놀란 이불이 내는 소리다. 이불 킥, 누웠다가 벌떡 일어나기를 여러 번, 그래도 쉬이 가라앉지 않는다. 소심하기로는 세상에서 둘째가라면 억울해서 죽을 만큼 지독한 '소심쟁이'가 바로 그녀다. 항상 아무렇지도 않은 척하고 난 뒤, 홀로 끙끙 앓는다. 한참을 되새김질하면서. 끝은 언제나 자책이다. '내가 바보였어.'

그녀는 계산적인 사람이다. 허점과 오답이 쏟아지지만, 계산이 몸에 배어있다. 행동에 앞서 전과 후의 상황을 가정해 본다. 실수를 줄이기 위해 안간힘을 쓴다. 신중하게 저울질하고, 잘라내고 고른다. '완벽해!'라는 결과가 나오면 이제 행동할 때다. 하지만 여지없이 허점은 등장한다. 수습을 위한 임기응변은 점점 더 깊은 수렁으로 빠지게 할 뿐이다. 예기치 못한 상황에 당황하고 허둥댄다. 놀란 뇌는 멈춰버린다. 남은 아쉬움에 잠 못 드는 그날 밤, 이불 킥은 어느 때보다 격렬하게, 그리고 더 오래 이어진다.

그녀는 정(情)이 많은 사람이다. 사람을 사귀는 데 적극적이지는 못해도 어느 자리에서나 마음이 가는 사람은 꼭 있다. 마음을 열어두면 어느새 가까운 친구가 되어있다. 어느 날 카페에 앉아 "우리 어떻게 친해졌지?"라고 서로 물었을 때 둘 다 고개를 젓는다. 괜찮다. 당연하지 않은가. 흐르는 물살이 조금씩 옮겨 놓은 모래톱처럼 조금씩 서로를 향해 다가앉은 세월이 쌓아준 정(情)이기 때문이다. 마주 앉아 있는 지금, 서로가 새삼 소중하게 느껴지고, 편안함을 나눌 수 있다면 그것으로 충분하다.

사람의 마음을 얻는 것은 결코 쉬운 일이 아니다. 일방적인 희생과 노력으로 얻어지는 것도 아니다. 달려 나갔던 마음이 벽에 부딪히고 상심해 되돌아오면 언제나 비어있던 자신의 자리를 찾을 수 있도록 양팔을 벌려 포근하게 맞이한다. 선의에 대한 배신이 뼈아파도 누구의 잘못이 아닌 방향의 문제였음을 위안 삼는다. 조용히 그녀 인생의 한 컷으로 지나가는 엑스트라들을 배웅한다. 그들은 모르겠지만, 그래서 아쉬워할 것도 없겠지만, 그녀 또한 그렇다는 것을 보여준다. "다음에 또 봐요." 그들이 인사를 남긴다. '아니, 그럴 일은 없을 거야.'라고 생각한다. 그리고 말한다. "그래요, 다음에 또 봐요." 어쩌면 인생 고개를 돌고 돌아 다시 마주칠 일이 있을지도 모르겠다. 하지만 그때는 엑스트라도 아닌 행인으로 등장하지 않을까. 그녀는 정이 많지만, 계산도 확실한 사람이다. 아무리 조심해도 피해 갈 수 없는 감정의 소용돌이는 언제나 쓰고 아프다. 이불 킥은 점점 격렬해진다. 이불도, 그녀도 몸살이 날 지경이다.

그녀는 싸움꾼이다. 또한 소심하고 겁이 많기로 소문난 사람이기도 하다. 하지만, 절대 모른 척할 수 없는 사람들이 있다. 음식물 쓰레기통에 비닐봉지 채 버리는 사람, 애견의 배설물을 모른 척 두고 그냥 가려는 사람, 애견의 목줄을 하지 않거나, 길게 늘어뜨려 시늉만 하고 가는 사람, 건물 내에서 담배를 피우는 사람 등이다. 평소에는 낯선 사람들과 눈도 잘 마주치지 않던 그녀가 그들 앞에서는 전혀 다른 사람이 된다. 눈을 사납게 뜨고 불러 세운다. 그리고 당장 제대로 처리할 것을 부리듯 명한다. 간혹 험한 욕을 하는 사람도 있지만, 당장 처리하지 않으면 신고하겠다고 끝까지 물러서지 않는다. 대부분 투덜대거나 욕을 하면서도 시키는 대로 하고 간다. 승률도 나쁘지 않다. 7할 정도는 된다. 남편이나 딸은 한 대 때리지도 못하고, 맞기만 할 사람이 만용을 부린다고 펄쩍 뛴다. 만용 맞다. 언젠가 호되게 봉변을 당할지도 모른다. 하지만 그녀 안에 못 말리는 싸움꾼이 산다. 어쩔 수가 없다. 끝까지 상대가 잘못을 인정하지 않고 심한 욕만 듣게 되는 날은 어김없이 이불 킥을 한다. '나는 왜 그 욕을 못했지?'

그녀는 가족애가 강한 사람이다. 가족에 대한 무조건적인 사랑과 헌신은 본능에 가깝다. 고무줄놀이를 즐길 수 있을 때쯤부터 그녀의 등은 동생들이 차지했다. 마당에 아이들이 모여 놀 때면 얼른 잠들지 않는 동생이 얼마나 미웠는지 모른다. 오죽하면 오밤중, 텅 빈 마당에 나와 달빛 아래 홀로 사방치기를 했을까. 그래도 그녀는 등을 줄줄이 동생들에게 내주었다. 부모님은 고된 농사일을 오롯이 자신들의 노동만으로 채웠다. 일꾼들의 품삯은 자식들을 위해 써야 했기 때문이다. 마을에서 제일 먼저 나가서 제일 늦게 돌아오시는 부모님 대신에 가마솥 뚜껑도 제대로 들 힘이 없을 무렵부터 밥을 하고, 껑충거리며 작두로 물을 퍼 올려 동생들을 씻기고 먹였다. 왕복 이십 리를 걸어서 학교를 다녀오고, 고된 집안일을 해내면서도 당연한 줄 알고 살았다.

어느 날 뒤란에서 들려오는 동생의 울음소리에 달려가 보니, 동네

머시매가 동생을 때리고 있었다. 그녀도 모르게 덤벼들어 정신없이 할퀴고 때리고 한 것 같은데, 이상하게 이후 기억이 없다. 여기저기 아픈 중에도 '내가 이 정도면, 그 녀석은 며칠 드러누워 꼼짝도 못 하고 있을 거야.'라고 생각했다. 하지만 동생을 통해 들은 얘기는 달랐다. 그녀가 밑에 깔려서 허우적거리다가 제풀에 정신을 놓았다고 한다. 이긴 싸움인 줄 알았는데 완벽한 KO패였다. 그날 밤 또 이불 밑에 깔려서 지칠 때까지 이불 킥을 했다. 하지만 끝은 아니었다. 다음 날부터 그머시매는 그녀가 지칠 때까지 갖은 욕을 들어야 했다. 그 후, 무서워서인지, 질려서인지 그녀의 동생을 다시는 건드리지 못했다.

그녀는 다시 태어난 사람이다. 그해 여름은 유난히 뜨거웠다. 초록의 무성한 이파리도 그늘만 파고들며 시름시름 앓았다. 가끔 느끼는 어지럼증이 심한 빈혈로 인한 것임을 알게 되었고, 간단한 수술로 이어졌다. 퇴원을 준비하던 날, 담당의로부터 암을 선고받았다. 그때 그녀는 표류 중이었다. 쉼 없이 걸어왔어도 끝이 보이지 않는 길 앞에 막 주저앉아 버릴 참이었다. '이젠 다 왔구나!' 차라리 마음이 놓였다. 담담한 그녀를 오히려 주위 사람들이 겁냈다. 생각할수록 기막힌 행운이었다. 난생처음 다른 사람들에게 미루고, 맡기며 어린애가 되어 살았다. 치료 과정을 거치면서 움켜쥐고 있었던 것들이 진정 아무것도 아님을 깨달았다. 몸과 마음의 상처는 온갖 주사와 약, 그리고 '쉼'으로 회복되어 갔다. 계절이 두 번 바뀌고 눈보라가 휘몰아치던 날, 그녀는 다시 태어나 일상으로 돌아왔다. 아직 오지 않은 내일만 걱정하며 살던 전생과는 다르게 꼬박꼬박 오늘만을 챙겼다. 소중한 보물을 안듯이.

그녀는 이제 겨우 8년 3개월을 살았다. 보너스 인생이다. 두려움 없이 도전하고 경험하는 중이다. 열 살이 되기도 전에 내가 행복해야 다른 사람도 행복해진다는 것을 깨달은 영특한 그녀. 퍽! 펄럭! 행복한 그녀의 신바람을 실은 이불 킥이 여전히 진행 중이다.

다시 태어난다면

기도를 멈췄다. 이미 오래전이다. 기도가 쌓일수록 신이 있다는 확신은 오히려 점점 더 멀어졌기 때문이다. 별 탈 없이 지나간 하루에 대한 감사와 또 다가오는 하루가 무탈하기를 바라는 주문 같은 기도. 의식(儀式)이었을 뿐 확신이 없는 기도는 전혀 힘이 없었다. 하지만 지금도 신이 없다는 쪽에 그대로 서 있어도 되는지 머뭇대며 주춤거리고 있다. 한가운데를 찾아 양쪽에 한발씩을 걸치고 앉아 기우는 쪽을 살필 수 있으면 좋으련만.

다시 태어난다는 것은 '신은 있다'가 증명되는 셈이다. 시간 너머의 시간을 다시 채워주는 것은 내게 가혹한 형벌이다. 내 삶은 이미 오래전부터 지칠 대로 지쳐 있다. 뒤를 돌아보는 것도 앞으로 나아가는 것도 갈피를 잃은 몸짓에 지나지 않는다. 다행히 육신을 가지고 죽음의 세계로 넘어가는 사람은 없다. 아무리 단죄라 해도 다시 살게 하려거든 전생의 찌꺼기는 반드시 소거 절차를 거쳐야 한다. 처음인 것처럼 눈을 떠 경이로운 세상을 보고 놀라 울음을 터뜨려야 한다.

이상적인 가정에서 원(願) 없이 누리며 살아보고 싶다. 하지만 완전

항아리 속 바다에 꽃잎 배를 띄우고

해 보이는 것은 내 것이 아니요, 때로는 가짜일 수 있음을 나는 이미 알고 있다. 가질 수 없는 것은 내려놓자. 어차피 내 마음대로 되는 일은 극히 제한적이다. 장기적인 계획과 큰 꿈도 얼마나 부질없는 것인지 지나온 생에서 충분히 맛보았다. 그저 내가 하고 싶은 일을 쳐다보기조차 싫어질 때까지 해보자. 남은 시간과 성패를 가늠하며 망설이지 말고.

　우선 자그마한 초가를 짓자. 방은 한 칸이면 충분하다. 반가운 벗도 오래 머물면 귀찮아지는 법이다. 살림살이는 단출한 것이 좋다. 시렁에는 보송보송한 이부자리 몇 채와 베개 두 개를(하나는 빨래를 대비) 올려놓아야지. 윗목에 반닫이 하나를 놓고 사계절을 날 수 있는 옷을 두어 벌씩 장만해 넣자. 그리고, 어쩌다 나가는 나들이가 추레하지 않도록 단 벌의 외출복은 잘 펼쳐서 벽에 박힌 못에 걸어두어야 한다. 개다리소반 하나면 족하나 식기는 꼭 두 벌이 필요하다. 여벌의 식기는 객(客)을 위한 것이 아니다. 내가 여전히 그릇을 잘 깨뜨릴 것 같은 불길한 예감 때문이다. 보는 사람은 없어도 품위를 지키고 싶으니까.

　초가(草家)는 탱자나무 울타리로 감싸 단단한 나만의 성을 완성하리라. 텃밭과 꽃밭을 가꾸는 노동으로 뼈와 살을 단단히 할 것이며, 내 손으로 거둔 소출로 필요한 열량을 채울 것이다. 하지만 먹고 입고 자는 것만으로 사람의 시간을 보냈다고 할 수는 없다. 짐승도 살기 위해 먹고 털옷을 입으며 배설 자리와 누울 자리를 구분하며 산다. 진정한 새 삶은 새로운 환경이 아니라 새로운 눈을 통해 이루어진다. 하고 싶은 일을 질리도록 해보았는지 돌아보는 시간은 시시각각 다가온다. 다시 채워진 시간이 흘러가기를 그저 조용히 기다리는 게으른 삶은 전혀 새로운 삶이 아니다. 하고 싶은 일에 몰두하고 그 안에서 안정과

의미를 찾는 것이 곧 유유자적이다. 다시 태어난다면 나는 유유자적
하리라.

항아리 속 바다에 꽃잎 배를 띄우고

알록달록 물드는 시간

　열 번째 생일을 축하해. 선물로 샌들을 샀어. 여름 한 철만 신는 샌들은 보관만 잘하면 몇 해가 지나도 끄떡없지. 헌 샌들은 열한 번의 여름을 함께 보내고도 아직도 신발장 구석을 차지하고 있어. 투박해도 싫증이 나지 않는 맞춤 수제화야. 무지외반증은 외가에 흐르는 유전인데 8남매 중 내가 대표로 물려받았어. 나이 들수록 발의 돌출 부위 각이 커지고 통증이 느껴져서 예쁜 신발은 그림의 떡이지. 이제 무릎도 아프고 예쁜 신발을 신어도 맵시가 나지 않으니 아쉬운 것도 없어. 발 편한 운동화가 최고지. 하지만 여름에는 역시 발가락도 숨을 쉴 수 있는 샌들을 신어야 해.

　새 샌들을 신고 보니 발톱이 건강한 낯빛이 아니더라. 서툰 솜씨로나마 페디큐어를 칠하기로 했지. 어디서 나온 생각인지 모르겠지만 전부는 촌스러운 것 같아서 엄지발가락만 칠하기로 했어. 유난히 실하게 발달한 내 엄지발가락은 해외에서도 마사지사를 놀라게 한 이력이 있어. 특히 내 엄지발가락을 보고 연신 엄지척을 하던 그 둥글둥글하고 능글능글하던 타이베이의 마사지사가 떠오르네. 도대체 무슨 의미였을까? 하여튼 샌들을 신겠다고 바둥거리며 페디큐어를 칠하다가 실소를 흘렸지. 샌들을 위한 것일까, 무지외반증을 가리기 위한 위장술일까. 가끔은 하나 마나 한 노력도 피하지 않는다네. 해봐야 미련이 없을 테니까. 새 샌들은 검정이야. 여러 가닥의 가죽 줄이 멋스럽게 엮이고 푹신한 깔창이 숨어있지. 파란 바다색 페디큐어랑 아주 잘 어울려. 치장을 끝낸 엄지발톱이 반짝거리네. 적어도 허연빛의 발톱은 가려졌으니 흡족한 마음에 슬그머니 바람을 향해 내밀어 본다네.

파란 바다색 페디큐어를 칠하고 새 샌들까지 신었으니 이젠 바다를 찾아가야겠네. 혼자만의 여행은 늘 꿈만 꾸지. 어디를 가도 껌딱지처럼 남편과 함께해. 그는 사진찍기를 정말 좋아하지. 기술은 영 시원찮아도 한없이 찍어. 거기가 거기 같은데 정신없이 나를 부르고 뚱한 표정으로 미처 포즈를 취하기도 전에 어정쩡한 내 모습을 마구 찍어대. 그리고 역할을 바꿔 나 역시 고만고만한 솜씨로 남편을 배부르게 찍어줘야 하지. 허공을 찍은 사진마저도 예외 없이 그의 메모리카드에 차곡차곡 저장되어 있어. 같은 곳을 보아도 그는 담기에 여념이 없고 나는 바로 비우기를 반복한다네. 하지만 아무리 비워도 빈자리를 탐욕스럽게 삼키며 세(勢)를 늘려가는 기억도 있어. 잊을 만하면 튀어나와 마구 흔들어 놓고 다시 슬그머니 숨어들기를 반복하며 저만 재미있는 숨바꼭질을 즐기지.

들뜬 마음으로 퇴원 준비를 하는데 불쑥 들어온 의사가 내 몸속의 어떤 것이 주인인 나를 갉아먹고 있다더군. 불길한 예감의 정체가 드러난 순간이지. 조용한 반응에 당황한 의사는 이해를 못 해서라고 짐작했는지 더 친절하고 자세하게 다시 설명했어. 사실 나는 기다리고

있던 소식을 들은 것처럼 오히려 마음이 놓였거든. '드디어 올 것이
왔구나.'하고.

돌이켜보면 그때처럼 나를 온전히 내맡겨 본 적이 없는 것 같아. 끌
고 가면 끌려가고 온갖 주사에 팔을 내맡기며 굶기면 굶고 먹이면 먹
고 불을 끄면 착한 아이처럼 눈을 감았지. 처음으로 삶을 향한 허기가
느껴졌어. 말 한마디, 스치는 생각마저 조심했어. 그래야 살 수 있을
것 같았고 죗값을 치르는 중이라면 제대로 잘 치러 남은 생은 고결하
게 살고 싶었거든.

두 달 만에 돌아온 집에서 제일 먼저 한 일은 샴푸였어. 주사 줄을
매달지 않은 자유로운 손으로 향기로운 거품을 잔뜩 내어 머리를 감
는 즐거움도 잠시, 솜뭉치처럼 엉킨 머리카락이 잡히더군. 아무리 헹
구고 한 올 한 올 풀어보려 해도 점점 더 엉켜 수세미가 되어버린 머
리칼. 이미 알고 있는 과정이라고 해서 충격이 없는 것은 아니야. '시
원하다!' 하는 말로 딸을 독려하며 뭉텅뭉텅 잘라냈지. 눈을 마주치지
못하는 가족을 피해 거울 앞에 섰어. 거울에 비친 나는 정말 볼품이
없더라. 생명이 스러져 가는 얼굴로 바람 한 점 없는 방에서조차 유령
처럼 흔들리고 있더라고.

지나온 10년은 보너스와 같은 시간이야. 내 삶은 그날 이전과 이후
로 나뉘고 선명한 선이 그어졌어. 새로운 눈으로 세상을 보게 되었지.
보여주는 삶은 이제 의미가 없어. 살아갈 뿐이지. 죽음은 선택이 아니
라 찾아오는 것이라고 하더군. 그러니 미리 두려워할 이유가 없지. 누
군가를 위해 망설였던 일들을 하나씩 끄집어내어 마주하고 있어. 세
상에! 누구도 상관하지 않더라. 나는 왜 그렇게 바보처럼 살았을까.
날마다 양팔을 한껏 열어 하늘을 품어. 파란 바다색에 내가 좋아하는

그림을 삐뚤빼뚤 걸어놓고 낙서도 하지. 배도 그리고, 갈매기도 그리고, 외딴섬도 그리고. 늙기 시작한 여자의 일상은 생각보다 알록달록하다네. 내 허영이 피우는 작은 꽃 무리처럼.

삭풍이 지나간 뒤

 동짓달 초닷새. 푸르스름한 달이 문풍지를 펄럭이며 기웃대던 겨울 밤. 생솔가지를 밀어 넣은 군불은 방안을 가득 채운 연기로 생색만 내고, 그마저도 흙벽의 틈을 비집고 들어온 삭풍이 구들의 온기를 몰아내 냉골인 방. 나는 선택의 기회조차 없이 흙수저를 꼭 쥐고 세상을 만났다. 어머니와 나는 눈물 바람으로 서로를 마주한 순간 각인되어 강한 애착으로 이어졌다. 애착은 흐름을 따라 가족애로 변화하고 내 삶의 중심은 늘 가족이 자리했다.

 이 세상에서 나 자신보다 이해하기 어려운 것은 없다. 살펴볼수록 기형적인 모습이다. 태내에서부터 어른이 되기까지의 정상적인 발달 과정은 건너뛰고 결핍을 채우려는 욕망만 자랐다. 흙수저의 굴레는 발버둥 칠수록 삼끈처럼 질기게 나를 옭아맸다. 이른 새벽부터 하루가 저무는 순간까지 냉혹한 운명에 맞서 하룻강아지처럼 맹렬히 짖어대며 덤볐다. 그러다가 멈춰 선 그날, 도저히 손에 넣을 수 없는 욕망을 내려놓고 나를 옭매고 있는 모든 매듭을 풀었다. 선택이 아닌 운명에 의해 나와 연결된 사람들. 그들을 조금씩 밀어내며 멀어지고 있는 것은 자연의 흐름과 같다. 내가 삭아 사라져도 그들은 자신의 운명에 맞서거나 순응하며 잘 살아갈 것이다.

편안하고 자연스러운 나를 보는 것은 즐거운 일이다. 한때 모든 불운을 홀로 떠안은 것처럼 분노하며 살았다. 하지만 이제 안다. 나 역시 평범한 삶을 살아왔다는 것을. 나이 들어갈수록 뒤돌아보는 일이 잦다. 지나온 길은 결국 내 선택에 따른 길이다. 선택의 기로마다 운명의 힘은 얼마나 작용했을까. 설사 운명의 힘이 전부라 할지라도 결국 내 이름으로 남게 될 삶이다.

나는 여전히 흙수저를 쥐고 있다. 불편한 것도 시간이 흐르다 보면 익숙해지고 편안해지는 법이다. 하얀 회벽에 기와를 얹은 집, 반짝반짝 빛나는 대청마루를 끝내 갖지 못했으나 나는 이제 비참하지 않다. 욕망은 여전히 꿈틀거리지만 꺾이고 허물어져 구멍이 숭숭하다. 젊은 날, 운명에 맞서 나를 세웠듯이 지금은 헛된 욕망에 맞서 나를 지킨다. 인생은 불공평하고 불규칙하게 흘러간다. 더 이상 어찌할 수 없는 것은 운명이다. 지나간 후에야 깨닫게 되는 얄궂은 운명의 사슬. 이미 정해진 것이라 할지라도 알 수 없기에 끝을 향해 가는 것이다.

엉뚱하게도 나는 글을 쓰기 시작했다. 어디 글뿐인가. 기타를 배우고 드럼을 치며 꽥꽥 노래도 부른다. 억누르던 가벼움을 타고 풍덩 빠져들어 즐긴다. 이리저리 뒹구는 자유로운 시간이다. 일부러 엉뚱한 행동을 하기도 하고 솔직함이 과해 낭패를 보기도 한다. 쉰 고개를 넘긴 나는 더 이상 아쉬운 것도, 두려운 것도 없다. 변화에 순응하며 자연의 섭리를 따르면 그만이다. 이 세상에 들어올 때처럼 이 세상에서 나가야 할 때도 선택의 기회는 주어지지 않을 것이다. 그것은 운명의 몫으로 내어주었다. 하지만 내 안의 울림을 따라 방향을 정하고 나아갈 길을 손끝으로 가리키는 것은 나의 의지를 따르는 내 선택이라고 믿는다.

다 이유가 있어

옳고 그름을 가르는 선은 구불구불하다. 절대적으로 옳다고 믿어온 가치도 때로 세상을 따라가 재해석되거나 아무런 설명도 없이 반대쪽으로 옮겨 앉는다. 도덕의 잣대 또한 모호하다. 오죽하면 내가 하면 로맨스요 남이 하면 불륜이라는 말이 나올까. 나와 생각이 달라도, 설사 도덕적으로 문제가 있다고 여겨지는 사람의 의견일지라도 적정한 범위 안에서는 존중해야 한다. 경청이 우선이고 반응은 그다음이다.

지압 길에 유난히 튀어나온 자갈이 있다. 밟으면 더 아프고 때로는 걸려 넘어지기도 한다. 참으로 불편한 자갈이다. 하지만 처음 그대로 그 자갈은 굳건히 제자리를 지키고 있다. 지압의 효과는 튀어나온 자갈에서 아픔을 느낄 때 더 강하게 오기 때문이다. 평평하고 예쁜 자갈만 있다면 자극은 곧 밋밋해지고 지압 길은 모양만 낸 길이 되고 말 것이다. 길은 하나로 이루어지지 않는다. 흙과 모래와 자갈이 제멋대로 뒤엉켜 갈래 길이 만들어지고 수많은 발길이 다져 길다운 길로 다듬어지는 것이다.

　나와 다른 사람, 유난히 튀어나와 불편하게 느껴지는 사람은 나에게 꼭 필요한 자극원이다. 논쟁을 일으키고 성찰을 유도하고 변화를 불러와 나를 성장시키는. 왜 살아가야 하는가, 어떻게 살아가야 하는가를 묻고 싶을 때 나는 지압 길에 선다. 툭 튀어나온 자갈을 꾸욱 밟고서 서서히 퍼지는 통증을 느긋하게 기다린다. 자갈의 대답은 의외로 단순하며 명쾌하다.

　'다 이유가 있어.'

항아리 속 바다에 꽃잎 배를 띄우고

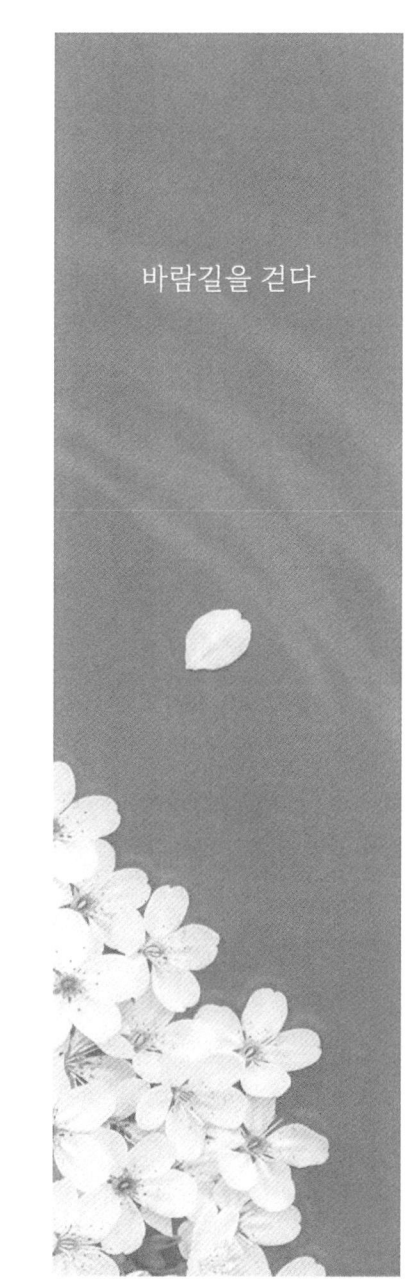

바람길을 걷다

마루에 나와 앉아

낙엽불원추풍(落葉不怨秋風, 떨어지는 낙엽은 가을바람을 원망하지 않는다)

바람이 분다. 멈칫거리지 않는 소슬바람이다. 옷자락을 펄럭이며 재촉하는 손길에 마음이 바빠진다. 그래, 떠나보자. 헐렁한 배낭을 메고 그림자를 벗 삼아 휘적휘적 걷다가 보면 해가 저물어 간다. 긴 하루의 여정을 마쳐야 할 때다. 마루에 나와 앉아 곱게 물드는 산마루를 바라보노라면 노곤한 피로가 발갛게 물들어 포근하게 나를 덮는다. 깨어나는 감각과 감정의 홍수 속에서 생생한 외로움과 그 외로움이 주는 행복감으로 몸부림치며 맞이하는 하얀 밤.

아침 뜨락을 파고드는 쨍한 햇살이 나무 사이를 누비는 동안 재재거리는 새들의 날갯짓도 부산하다. 언제 보았다고 손님의 늦잠을 참견하며 나무란다. 그새 낮과 밤이 바뀐 나는 퀭한 눈을 비비며 허공을 향해 주먹질과 발길질을 날려 보지만 더 버텨봐야 소용없다. 잠은 이미 멀리 달아났다. 마루에 앉아 새들의 노래를 홀로 듣는다. 가만 들어보니 음률이 있다. 각기 다른 소리로 이어가는 그들만의 노래. 신나는 댄스곡이 있는가 하면 슬픈 노래도 섞여 있음을 나는 안다. 다만 노랫말을 이해하지 못할 뿐.

내가 사는 세상도 마찬가지다. 말이 넘치는 세상에서 제대로 이해하고 공감하는 이야기는 그리 많지 않다. 새들의 노래처럼 때로는 소음이고 때로는 잠깐 귀 기울일 뿐 나 또한 내 소리를 내기 바쁘기 때문이다. 불통인 세상과의 대화는 점점 더 재미가 없다. 건성으로 듣고 건성으로 공감하는 척한다. 어떻게 하고 싶은지, 무엇을 먹고 싶은지…. 지금까지 누구도 나에게 이런 질문을 던지지 않았다. 세상 탓만은 아니다. 누구도 믿으려 하지 않고 의지하지 못하는 나의 지독한 자의식 때문이다.

여행은 나와 세상과의 접점을 찾아가는 과정이다. 왜냐고 묻지 않고 원하는 것을 물으며 채워가는 여정. 불쑥 던지는 질문에 계산 없는 솔직한 답이 돌아온다. 단순한 문답으로 나를 돌아보는 시간은 뜻밖의 깨달음을 준다. 물론 대부분의 깨달음은 스치고 지나갈 뿐 큰 변화를 가져오지는 않는다. 설사 실천으로 옮긴다 해도 생각대로 흘러가지도 않는다. 하지만 소소한 자기 발견이 주는 즐거움은 발걸음을 가볍게 한다. 오롯이 나만의 시간으로 엮어가는 자유롭고 풍요로운 시간.

아둔한 나는 무엇이든 잃고 나서야 그것이 얼마나 소중한 것인지 깨닫는다. 무채색의 단조로운 일상이 속절없이 흔들리고 나서야 내가 누려온 그 어떤 것도 당연한 것은 없음을 알았다. 내 안의 소용돌이조차 구경꾼처럼 살피면서 웃고 우는 것마저 인색하게 살았다. 심장이 무너지고 정신이 고갈되어 가도 삶의 본질이라고 스스로 속이며 믿는 척했다. 주인 없는 삶을 이어왔으니 불쑥 찾아온 세상의 끄트머리에 서도 미련은 없었다. 하지만 뜻밖에도 가장 약해졌을 때, 아무것도 할 수 없을 때 희망이 보였다. 모두가 잠든 고요한 밤, 나는 착한 어린 아이처럼 눈물을 흘리며 끝없이 반성문을 썼다. 그렇게 멈춰있는 동안 온전한 나 자신을 되찾았다.

된장국 냄새에 반짝하고 정신이 돌아온다. 주인아주머니는 인상처럼 손끝도 야무지다. 수수한 시골밥상이지만 맛은 수수함과 거리가 멀다. 막 피어나는 꽃처럼 향기롭고 화려하다. 투박한 질그릇에 담긴 나물과 우거지를 넣고 끓인 된장국은 고깃국보다 맛나다. 나도 양손과 모자람 없는 열 손가락을 다 가지고 있는데 음식솜씨는 왜 흉내조차 내지 못하는 걸까. 바삐 젓가락을 움직이며 연신 맛있다는 말이 흘러나오자 흡족한 웃음으로 답하며 아직 남은 반찬을 자꾸 더 갖다 놓는다. 인정은 곧 소통이다. 행복한 아침이다.

하늘이 요란하게 울었다. 나뭇잎도 떨었다. 단풍을 자랑하던 고운 잎들이 낙엽이 되어 길 위를 나뒹군다. 무심한 발길에 밟히고 거친 비질에 쓸려 어디론가 실려 간다. 흐벅진 결실을 자랑하던 들판도 휑한 바닥을 드러내고 밑동만 남았다. 열두 장의 달력에 그려 넣은 별 모양의 기념일도 거의 다 지나갔다. 지나간 별은 이미 제출한 숙제처럼 압박이 없다. 이제 남은 별은 두 개다. 하나는 내가 아이를 낳은 날이고, 다른 또 하나는 우리 어머니가 나를 낳은 날이다. 출산의 고통은 이미 오래전 희미해졌다. 남은 것은 사랑이다. 남김없이 주고 또 주고 싶은 사랑이 전부다. 케이크는 무슨. 또 선물은 무슨.

시간은 결코 쉬어가는 법이 없다. 멈춰있는 것처럼 연기할 뿐이다. 투명한 하늘빛을 닮은 바람이 지나간다. 무서리를 따라온 겨울의 입김이 시리다. 파고드는 찬바람. 민박집 마루에 대롱대롱 걸린 곶감도 잘 마르고 있겠지.

구름 위를 걷다

새벽을 가르며 집을 나섰다. 숨을 죽이며 달아나는 모양새가 딱 야반도주다. 몇 번의 짐 검사 끝에 남편에게 거북이 등을 닮은 배낭과 중형 여행 가방 하나를 허락했다. 나는 여권과 약간의 비상금을 담은 크로스백과 소형 여행 가방을 챙겼다. 5박 6일 동안 갈아입을 옷가지와 생필품, 비상약, 여벌의 신발이 전부인데 가방은 터질 듯 부풀어 있다. 우리의 여행은 늘 그렇다. 설렘은 소형 짐가방에 헐렁하게, 짐은 대형 짐가방에 꽉 채우고 고행을 향해 나아가는 것이다.

공항을 찾은 것이 얼마 만인지 모르겠다. 북적이는 인파를 헤치며 익숙한 척 거침없이 나아가 3층의 여행사 창구를 찾았다. 정원은 열 명인데 우리는 여덟 명으로 출발이 확정되었다. 모두 비슷한 나이 또래로 네 쌍의 부부다. 우선 활달한 성격의 남자 한 명을 대장으로 추대하고 단체 비자를 맡겼다. 대장만 놓치지 않고 따라다니면 되는 편안한 패키지여행이 시작된 것이다. 나이 듦이란 참으로 묘한 것이다. 전혀 모르는 사람과 동행이 되어도 크게 부담스럽지 않다. 어느새 가벼운 농담을 나누고 함께 웃는 사람들 속에 내가 있다.

첫날의 일정은 공항에서 숙소로 이동하는 것이 전부다. 공항에서 장가계까지 식사와 휴게소 들른 시간을 포함하면 8시간이 걸렸다. 짐을 풀어 다음 날 입을 옷을 꺼내려는데 가방의 앞주머니가 불룩 튀어나와 있다. 꺼내어 보니 남편이 몰래 쑤셔 넣은 모자다. 여벌의 모자까지 참 살뜰하게도 챙겼다. 모자는 가벼운 시작에 불과하다. 하루의 일정을 마무리하고 다음 날을 준비할 때마다 미처 걸러내지 못한 짐을 발견하게 될 테니까. 그때마다 티격태격 실랑이가 벌어질 것이다. 하지만 되도록 그냥 넘어가리라 다짐한다. 무엇이 들어 있든 이미 가방 속에 든 물건이고 쓰든 안 쓰든 내내 따라다닐 물건이며 아쉬우면 기어코 또 사서 채울 것을 알기 때문이다. 그리고 죽을 만큼 피곤하기도 하고.

여행인지 극기 훈련인지 헷갈릴 만큼 힘든 일정이다. 천문산 풍경구에 도착하니 이른 아침 출발한 보람도 없이 이미 대기 줄은 세 시간은 족히 기다려야 할 정도로 구불구불하게 늘어서 있다. 단체여행에서 이탈은 있을 수 없는 일이다. 포기조차 허락되지 않는다. 벗어나는 방법은 오직 유체 이탈뿐. 영혼의 여행자가 되어 수많은 인파 속을 어슬렁거리며 이 난장 속에서 무엇을 찾으며 기다리고 있는가를 물었다. 하지만 아무도 대답하지 않는다. 그들은 그저 좀비처럼 흐느적흐느적 앞으로 나아가고 있을 뿐이다.

기나긴 기다림이 끝나고 이제는 끝없이 오르는 길에 끼어들었다. 세계에서 가장 길다는 7,455m 길이의 케이블카에 몸을 싣고. 발아래 펼쳐지는 협곡의 위용을 어찌 말로 표현할 수 있을까. 마침내 도착한 정상. 시끌벅적한 환호 속에서 나는 홀로 세상의 끝을 마주하며 비로소 마음을 놓는다. 유리 잔도를 건너면 절벽 가운데가 자연적으로 무너져 생겼다는 커다란 구멍, 천문동을 마주한다. 이름 그대로 하늘과 맞닿아 있다. 천문동을 향해 까마득히 이어진 계단을 사람들이 개미처럼 열을 지어 오르내린다. 나는 가만 서서 그림을 보듯 그들을 느긋하게 감상한다. 내려다본 풍경은 이미 충분하다. 이제는 올려다볼 차례다. 때로는 아래에서 보는 풍경이 더 멋질 때도 있다. 그것을 아는 사람은 많지 않은 듯하다. 내가 그 많지 않은 사람 중의 하나라는 사실이 흐뭇하다.

피로는 극에 달했으나 오늘도 이른 아침부터 시작되는 일정을 피할 수 없다. 기암괴석으로 둘러싸인 인공호수 도봉호에 도착했다. 안개가 채 걷히지 않은 이른 시간인데도 유람선은 만선이다. 잔잔한 호수를 미끄러지듯 떠가는 유람선은 익숙한 언어로 떠들썩하다. 세상에, 모두 한국인이다. 하긴 새삼스러울 일도 아니다. 가는 곳마다 한국인 여행객이 넘친다.

다른 사람도 마찬가지겠지만 외국에 가면 나는 애국심이 치솟는다. 내 나라를 욕되게 하는 일이 없도록 부족한 교양을 챙기며 노력하고 우리나라가 우월한 점은 크게 자랑스럽게 여긴다. 본뜨고 싶은 제도는 눈독을 보내며 문익점처럼 숨겨서라도 들여오고 싶은 욕심을 낸다. 가끔 여행과 쇼핑을 혼동하는 사람들을 만난다. 장가계 어디서든 우리나라 화폐로도 척척 물건을 살 수 있다. 우리 돈이 통용되는 것은 편리하지만 경위를 생각하면 찜찜하기도 하다. 나라도 아껴 써야지. 나는 지금 여행 중이라는 사실을 상기하며 빈약한 지갑을 더 깊이 찔러 넣는다.

진득하지 못한 탓인지 유람선을 타는 시간은 지루하다. 토가족 처녀와 총각이 주고받는 연가도 별 감흥이 일지 않는다. 다만, 여자의 발

등을 살짝 밟아 프러포즈하고 허락을 얻지 못하면 3년간 머슴을 살아야 한다는 그들의 풍습은 실로 놀랍다. 처녀의 간드러진 목소리 보다 총각의 노래가 더 간절하게 들리는 것은 당연한 일 아닐까. 내 옆의 지독하게 운 좋은 남자는 천하태평인 얼굴로 풍광에만 심취해 있다.

지붕 위를 지나가는 케이블카를 타고 천자산에 올랐다. 어느덧 익숙해진 풍경이다. 끝없이 추락하는 직벽의 낭떠러지와 하늘에 맞닿을 듯 치솟은 봉우리는 한 몸으로 이어져 커다란 협곡을 이루고 있기 때문이다. 오늘도 여러 명소를 보고 왔다고 하는데 나는 눈만 끔벅끔벅. 하지만 케이블카를 타고 수없이 많은 봉우리를 지나쳐 왔으니 믿을 수밖에. 아! 배멀을 뻔했다. 높이가 335미터에 달하는 수직의 백룡 엘리베이터를 타고 딱 88초 동안 추락하듯 내려온 사실을.

황룡 동굴은 길이 7.5km, 높이 140m로 엄청난 규모의 용암동굴이다. 굴속에 또 다른 동굴이 있고 강이 흘러 작은 배로 이동하는 구간도 있다. 여러 빛깔의 조명이 석순, 석주, 종유석과 어우러져 기이한 분위기가 흐른다. 자연 그대로를 보존하는 것과 안전사고 예방에는 별로 관심이 없어 보인다. 조심 또 조심, 스스로 보호해야 한다.

집으로 돌아가는 길이 까마득하다. 우한 공항 근처의 숙소를 향해 다시 장장 6시간 30분을 이동해야 한다. 가는 길에 휴식 겸 두 곳을 들렀다. 군성사석화박물관과 형주 고성이다. 장가계의 풍경을 그린 산수화에 채색한 돌가루를 입혀 화려함과 입체감이 돋보이는 그림들을 전시하며 팔기도 한다. 하지만 화려한 채색이 오히려 산수화의 멋을 가리는 느낌이다. 나는 먹향을 입혀 자연을 자연스럽게 표현한 수묵화가 더 좋다. 형주 고성은 삼국시대의 관우가 지키던 성으로 비교적 잘 보존되어 있으며 주변 경관이 참 아름답다. 한가로이 낚싯대를 드리우고 있는 남정네가 있어 들어갈 때와 나올 때 두 차례나 다가가 들여다봤으나 고기 망은 텅 비어 있다. 세월을 낚는 중이었나 보다.

타임머신을 타고 10년은 족히 뛰어넘은 듯하다. 자랑스러운 우리나라, 우리 인천공항.

모든 여행에서 그랬듯이 나는 이번 여행에서도 또렷하게 남은 기억이 없다. 누군가 그때의 기억을 떠올리면 고개를 끄덕이며 '아! 그때 나도 거기에 있었지.' 그것이 전부일 것이다. 아무것도 기억하지 못하면서 왜 아까운 돈과 시간을 들여 떠나는가를 물어오면 나는 늘 이렇게 대답한다. 내 안을 꽉 채우고 답답하게 하던 묵은 기억의 체증을 비우고 다시 헐렁해진 큰 주머니를 얻었노라고.

거대한 산도 오르다 보면 발아래 있다. 깎아지른 절벽 위에 사람이 놓은 다리가 있고, 만원의 케이블카는 쉴 새 없이 미끄럼타며 협곡을 오르내린다. 포기하지 않는 한 정상은 누구에게나 문을 열어준다. 숱한 고개를 넘으며 나는 살아남기 위해 집중해 왔다. 그리고 살아남았다. 이번 여행을 끝으로 나는 험한 산은 오르지 않기로 결심했다. 올려다보는 풍경도 멋지다는 것을 확실하게 깨달았기 때문이다. 자연은 우러러볼 대상이지 정복의 대상은 아니다. 자연은 끝없이 끝없이 위대하다.

사랑하고 있음을

　젊음은 오랜 세월의 연무에 갇혀 기억 저편으로 숨었다. 흐릿하게 보이는 세상만큼 눈빛도 탁하다. 오르막길이 보인다. 가파른 계단이 완고하게 버티고 있다. 한 층의 계단도 오르려 하지 않고 엘리베이터를 찾는다. 하지만 금세 체념의 그늘이 먼저 계단을 오른다. 업을 수도 안을 수도 없어 난감하다. 한때 나를 어르고 달래던 그들과 지금은 역할 놀이 하듯 바뀌어 있다. 밀고 끌고, 밀리고 끌리는 거친 숨소리. 불협화음의 돌림노래가 3층의 계단을 가뿐하게 오른다. '띠리릭!' 가벼운 터치로 드디어 철문이 열린다.

　가쁜 숨을 몰아쉬면서도 어머니는 분주하다. 아버지의 웃옷을 받아 드는가 싶더니, 어느새 낯선 주방에서 컵을 찾아내어 물 한 컵을 대령한다. 당연한 듯 대령하고 당연한 듯 받아 드는 일련의 과정은 조금의 빈틈도 없이 자연스럽다. 어머니는 60여 년의 세월이 흐르는 동안 그렇게 그의 수족이 되었다. 아버지는 가장의 무게만으로도 세상을 짊어진 듯 휘청였고, 그런 아버지를 살뜰히 살피고 떠받들어야 할 사람은 언제나 어머니였다. 변하리라는 기대는 허물어버린 지 이미 오래

항아리 속 바다에 꽃잎 배를 띄우고

다. 80여 년을 살아온 사람에게 변수란 없을 테니까. 그들의 끊임없는 싸움은 깜부기불처럼 희미한 자극에 지나지 않는다. 단조로운 일상에 잔파동을 그리는. 발단은 사소하고 싸움은 오래가지 않으며 화해의 과정은 생략된 채 슬그머니 사그라든다.

"언니, 우리 방학 끝나기 전에 부모님 모시고 여행 다녀올까?"

뜻밖의 제안이다. 부모님을 모시고 여행을 다녀오는 것은 맏이인 나에게만 주어진 과제였다. 해마다 동생들은 둘, 셋으로 그룹을 나누어 휴가를 떠나고, 돌아올 때 사 온 특산물을 안기는 것으로 미안함을 덜었다. 덩그러니 남은 부모님은 언제나 내가 찾아주기를 기다렸다. 짧은 여행을 다녀오는 동안 부모님과 남편의 눈치를 살피는 것은 여간 피곤한 일이 아니다. 부모님을 모시고 온 가족이 해외여행을 갔을 때도 마찬가지다. 자유롭게 여행을 즐기는 동생들과 다르게 여행 내내 부모님 곁을 지켜야 했다.

상해 한복판에서 인파에 묻혔을 때도 아버지는 뒷짐을 지고 산보를 즐겼다. 일행과 아버지 사이를 오가며 애태우던 기억이 지금도 생생하다. 두 번의 해외여행과 매년 여름 휴가를 함께 하다 보니 자연스럽게 부모님과 나는 당연히 한 팀이 되었다. 조금씩 불만이 쌓여갈 무렵 코로나가 등장했다. 이후, 2년여 세월이 지나도록 부모님과의 여행은 멈춰있다.

'심심하다, 오늘은 무엇을 하며 지내야 하나, 집에는 언제 오냐…' 매일 아침 걸려오는 어머니의 전화에 마음이 쓰이면서도 어쩔 수 없는 상황이 내심 편했다. 동생의 제안으로 만감이 교차한다. 생각해 보니 매주 대학병원을 순례하는 어머니와 동행하고, 찬(饌)을 만들어 배달하고, 외식으로 입맛을 돋우며, 두둑한 용돈도 챙기는 동생들이다. 외국에 사는 두 동생도 부모님을 초청하고 크고 작은 일에 빠짐없이 힘을 보탠다. 생활비 지원도 모두가 힘을 보태고 있다. 맏이로서의 피해의식은 보고 싶은 것만 보고 믿고 싶은 것만 믿는 확증편향에 가깝다.

둘째는 작은 몸집에 단풍잎 같은 아이 손을 가졌다. 하지만 생김새와 다르게 아무도 못 말리는 소고집이다. 온 식구가 고된 농사일에 매달려도 막무가내로 버티며 지킬 것 없는 집을 지켰다. 다섯 살배기 막내까지 고추밭에 끌려 나가도 끄떡없었다. 등하굣길, 급한 마음에 땅바닥에 엎드려 숙제하던 흙먼지 속 내 기억과 둘째의 말끔한 얼굴이 나란히 떠오를 때면 지금도 주먹이 불끈 쥐어질 만큼 얄밉고 화가 난다. 세상의 풍파는 모두 그녀를 비켜 간 모양이다. 클래식 선율처럼 잔잔하다.

가만히 내 손을 들여다보니 손가락은 유난히 길고 마디는 굵다. 굴곡진 삶의 흔적이 고스란히 느껴진다. 동생의 눈동자에 담긴 나를 찬찬히 탐색한다. 복잡한 표정이다. 아무리 살펴도 동생과 나의 닮은꼴은 찾기 어렵다. 심지어 손가락 발가락도 전혀 닮지 않았다. 떨어져 산 세월만큼 우리는 서로가 낯설고 어색하다. 동생의 조용한 움직임에 차가 미끄러지듯이 움직인다. 가깝지 않은 자매의 첫 번째 효도 여행이 동상이몽 속에서 시작되었다.

뒷자리에 앉은 부모님의 얼굴에 흐릿한 미소가 걸린다. 이른 봄부터 겨울의 문턱까지 쉼 없이 이어지던 고된 노동을 달게 삼키고 갖은 핑계로 보잘것없는 소출을 내어주던 땅의 기만을 잊었단 말인가. 거짓을 진실처럼, 진실을 거짓처럼 말하다 보면 스스로 속아버린다. 그들의 지난한 세월은 그렇게 왜곡되어 그리움으로 남은 모양이다. 하지만 내 기억은 못돼먹었다. 기쁘고 행복했던 순간은 숨겨놓고 부끄럽고 고통스러웠던 일들만 끝없이 재생한다. 조각 하나하나가 단단한 틀을 갖추고 좀처럼 헐거워지지 않는다. 차 안은 이따금 정적이 머문다. 지금 그들은 재생이 아닌 새로운 틀을 갖춘 추억 만들기가 진행 중이면 좋겠다.

막둥이가 예약한 풀빌라는 별천지다. 욕조는 온통 구멍이 뚫려있고 두 칸으로 나뉘어있다. 트윈침대는 봤어도 트윈욕조는 난생처음이다. 더군다나 실내에 미지근한 물이 가득한 풀장이라니. 참 기막힌 세상이다. 효도 여행의 정점은 부모님 목욕시키기다. 아버지의 등은 동생이 맡기로 했다. 하지만 아버지가 반신욕으로 피로를 풀 수 있도록 우리가 잠깐 자리를 비운 사이 동생의 비장한 계획은 물거품이 되었다. 돌아와 보니 발그레한 얼굴의 아버지는 흡족한 표정으로 침대에 누워 TV를 보고 있고, 어머니는 소파에 기대어 가쁜 숨을 몰아쉬고 있다. '혹시'가 '역시'가 되는 순간이다.

게장을 먹기 좋게 자르고 새우장의 껍질을 벗겨 부모님과 내 밥그릇에 올려주던 단풍잎을 닮은 손. 자세히 보니 세월이 먼지처럼 묻었다. 대야에 가득 물을 받아 뽀드득 소리가 나도록 동생의 손을 닦아주고 싶다. 마루에 물이 튄다고 등짝을 때려도 그치지 못하던 동생의 웃음소리가 눈물 나게 그립다. 서로의 등을 밀어주는 것으로 일정을 마무리했다. 낙조가 가라앉자 숨어있던 어둠이 거칠어진 파도를 타고 삽시간에 몰려왔다.

'새파란 수평선 흰 구름 흐르는
오늘도 즐거워라 조개잡이 가는 처녀들…'

어머니의 가냘픈 목소리다. 맞다. 어머니는 한때 노래자랑을 휩쓸던 가수다. 외삼촌의 기타 반주에 맞춰 노래를 부르고 온갖 살림살이를

다 타왔다지. 양은 냄비, 양동이, 주전자, 다리를 접었다 폈다 하는 밥
상까지. 어머니의 고운 노래는 흙먼지가 날리는 들판을 적시며 고된
노동의 피로와 시름을 덜어주는 노동요였다. 뙤약볕에 그을어도 가
려지지 않는 도회지 여자의 외로운 그림자가 가녀린 선율을 타고 황
새골 밭과 쇠똥물 논밭을 덮는 넉넉한 그늘로 늘어졌다. 흔들 그네에
앉아 저무는 바다를 보며 파도의 리듬에 맞춰 부르는 어머니의 노래.
가사와 다르게 어머니의 노래는 왜 이다지 슬플까. 외사랑이 가슴을
적신다.

　우리는 부모님의 합집합이다. 우리의 집을 만들고 우리의 집이 자리
를 잡을 수 있도록 함께 견디고 기다렸다. 가끔 잊어도 집은 끝까지
기다려 줄 것이다. 동생과 나는 끝내 닮은 꼴을 찾지 못했다. 하지만,
한가운데 단단히 뭉쳐져 있는 교집합을 본다. 힘차게 도는 피를 따라
막힘없이 흐르는 사랑. 우리가 서로 사랑하고 있음을.

짐을 꾸리다

　마당발은 발소리도 넓게 퍼지는 모양이다. 설핏 들었던 잠이 후다닥 달아난다. 그는 초저녁부터 단잠을 자고 일어나더니 분주히 이방 저방, 심지어 창고까지 뒤지며 짐을 꾸리고 있다. 가만 보니 한밤중인 줄도 모르고 새벽으로 착각하는 듯하다. 어차피 잠은 달아났고 쓸데없이 바쁘게 움직이는 그를 바라보니 활동사진을 보는 것처럼 제법 재미가 있다. 한참 만에야 그의 배낭은 터질 듯 부푼 배를 내밀고 벽에 기대어 가쁜 숨을 쉰다. 그는 겨우 앉아있는 배낭을 툭툭 치더니 아주 만족스러운 표정으로 퇴장한다. 그래봐야 내 검열 끝에 반은 도로 뱉어낼 짐이다. 짐은 짐이다. 모름지기 짐은 가벼울수록 좋은 것이거늘.

　한밤의 소동은 서서히 가라앉았다. 다시 누웠지만 말똥말똥해진 눈은 당최 감을 생각이 없다. 어둠 속에 숨어있던 온갖 소음이 슬금슬금 기어나와 나를 간지럽힌다. 또르르 눈알이 구르는 소리가 느껴질 정도로 맑아진 감각. 오늘 밤도 나는 선잠으로 만족해야 할 모양이다. 우렁찬 코골이 소리가 적막을 깨뜨린다. 그의 밤은 초저녁에서 새벽으로, 다시 한밤중으로 되돌아가서 아침까지 막힘없이 흘러간다. 나의 밤은 새벽과 맞닿아 있다.

그의 배낭이 뱉어낸 짐은 실로 엄청나다. 노인처럼 등이 굽은 배낭에 참 많이도 들어갔다. 정작 챙겨야 할 세면도구는 없고 옷만 끌려 나온다. 우선 새 속옷과 양말이 눈에 띈다. 그는 어디를 가든 의식처럼 새것을 챙긴다. 옷장이 무너져도 그의 이상한 신념은 꺾을 수가 없으니 그냥 넘어가기로 한다. 한 아름의 옷 보따리는 나름의 이유가 넘친다. 춥거나, 덥거나, 젖거나, 더러워지거나…. 하지만 반 이상은 가차 없이 아웃이다.

여행자의 배낭은 살뜰하게 챙긴 짐이 아니라 열린 마음과 용기로 채워야 한다. 준비에 힘을 빼지 말아야 하는 이유다. 장고의 과정을 생략하고 불쑥 떠오른 생각을 따라가자. 여행은 새로운 도전이다. 펼쳐질 일에 대한 기대와 설렘으로 심장이 두근댄다. 때로 형편없이 흔들리기도 하고, 때로 의연한 나를 만나기도 할 것이다. 예측할 수 없는 시간과 여정은 이야기로 가득하다. 하지만 길 위에 서서 귀를 기울여야만 들려주는 이야기다. 소외된 곳에 사는 사람은 소외된 줄도 모르고 산다. 자신이 안전하다고 믿고 그 믿음에 만족하며.

귀를 울리는 바람 속에 서 있다. 파도가 그리는 하얀 외곽선이 번지며 바닷길은 사라진다. 길이 사라지고 어둠이 내려앉아도 조급할 이유는 없다. 저 너머 반짝이는 불빛을 따라가면 세상이 마중 나와 줄 것이다. 떠나봐야 안다. 당연하게 생각했던 것들이 얼마나 소중한 것인지. 나는 기꺼이 혼돈 속 세상으로 돌아갈 것이다. 조용한 힘이 뭉클거린다. 설명할 수 없지만 꼭 정의할 필요가 있을까. 스치든 마구 엉키든 모두 내가 경험한 것들이다. 그리고 그것들은 내 정신 속에 깃든 생각으로 자리 잡았다. 그저 소중하다. 끝없이 나를 따라다니며 괴롭히는 상처 입은 기억마저도.

그의 점퍼를 입고 매서운 바닷바람을 견뎠다. 큰소리쳐놓고 면목이 없다. 초봄의 변덕스러운 날씨 탓이다. 짐을 풀자 난데없이 패키지여행 때 묵었던 호텔의 일회용 실내화가 등장한다. '이건 또 뭐야?' 여전히 비닐 포장도 뜯지 않은 상태다. 이어서 나오는 한 움큼의 이쑤시개, 면봉의 등장으로 전세는 다시 역전이다. 실소가 터진다. 낯선 방 한가운데 그의 배낭을 두고 마주 앉은 우리. 나는 풀고 그는 다시 꾸리는 일에 몰두한다.

풀꽃 이야기

 연신 셔터를 눌러 본다. 하지만 마음에 드는 사진이 없다. 카메라로 찍을 수 없다면 차라리 질리도록 눈에 담기로 한다. 탐스러운 꽃은 눈길을 사로잡고 이름 모를 풀꽃은 발길을 붙잡는다. 바람을 타고 봄이 일렁인다. 어지럽고 분주하다. 연록에서 초록으로 달음박질한다. 초록의 내음이 짙어진다. 해찰 끝에 퍼질러 앉은 언덕, 따사로운 볕이 길게 드러눕는다. 새들은 부드러워진 땅을 헤집으며 종종걸음을 친다. 길고양이도 어슬렁거리며 상춘에 끼어들었다. 분분히 날리는 꽃비. 봄이 오는 곳에서 봄이 가고 있다.

 돌 틈 사이에 핀 풀꽃을 만났을 때 제대로 서지도 못한 채 버티던 내 나이 스물을 떠올렸다. 햇빛 한 줌을 향해 이리저리 가는 몸을 틀어 꽃을 피운 모습이 애처롭다. 바람의 장난이었을까? 절정의 꽃 무리를 벗어나 홀로 핀 풀꽃은 웃고있어도 측은하다. 차마 고개를 돌리지 못하고 쪼그리고 앉아 이 외로운 시간 끝에 오는 것들에 대해 이야기한다. 탐스럽지 않아도, 진한 향기가 없어도 치열한 삶을 감당하는 자체가 얼마나 고귀한가. 벌과 나비, 새가 날아들지 않아도 시름에 젖을 이유가 없다. 어디든지 자유롭게 넘나드는 바람이 찾아올 테니까. 어쩌다 고약한 곳에 떨어져 가는 뿌리조차 설 곳이 없어 헤맸을지라도 끝내 싹이 트고 꽃을 피우지 않았던가. 충분하다고, 잘했다고 서로를 치켜세우며 위로하고 위로받는다.

봄의 달음박질은 머뭇거림이 없다. 꿈길 같은 꽃길도 꽃비가 지나간 뒤 초록으로 물들어간다. 콩알만 한 열매가 꽃자리를 차지했다. 짧은 만큼 귀히 여겨지는 봄의 흔적이다. 영원한 것은 지루함이 묻어있다. 영원하다면 매해 어김없이 찾아오는 봄을 향한 기다림이 이만큼 간절할까? 아픈 청춘을 아름답다고 하는 이유도 짧기 때문은 아닐까. 스치듯 지나가는 봄아, 외로운 풀꽃아, 스쳐 가버린 청춘아! 아직 봄이야.

항아리 속 바다에 꽃잎 배를 띄우고

순전히 자원한 여행이다. 참여를 결정하고 신청하기까지 고작 몇 분의 시간이 흘렀다. 뜻밖의 나섬에 모두 깜짝 놀랐지만 정작 가장 놀란 사람은 나였다. 이 나이가 되도록 낯가림조차 극복하지 못한 내가 생면부지의 사람들과 단체여행을 자원하다니. 어디에 숨어있던 배짱인지 모르겠다. 불쑥불쑥 튀어나오는 낯선 나를 향한 낯가림은 언제나 당혹스럽다. 하지만 익숙한 모습이 전부는 아니다. 또한 진짜라고도 자신할 수 없다. 어쩌면 감춰둔 실체가 헐거워진 틈을 비집고 튀어나오는 것일지도 모른다. 피어오르는 부담을 애써 외면하며 기대에 들뜬다. '좋은 사람들을 만나고 즐거운 여행을 하게 될 거야. 나는 이미 준비가 되어 있어. 그럼, 그렇고말고.'

나는 용감해지기로 했다. 하지만 부족한 글로 등단을 한 것도 모자라 高明한 분들의 문학기행에 덜컥 따라나서다니. 준비되지 않은 나를 들키지는 않을까, 행여 폐가 되지는 않을까, 때늦은 걱정이 몰려왔다. 이제 돌이킬 수도 없다. 새로운 세상에 뛰어들어 변화를 즐기는 모험이 시작됐다. 삶에 대한 해답은 삶의 경험을 통해서만 발견할 수 있다. 짧은 여행을 통해서 얼마나 내가 성장하게 될지 그때는 미처 몰랐다. 새로운 인연은 새로운 나를 만들어 가는 과정이다. 따뜻한 그들의 감성은 넉넉한 품으로 나를 품었다. 가야 할 곳을 잘 알고 있는 것처럼 천연덕스럽게 어울리는 또 다른 나. 이처럼 결과는 좀처럼 예상하기 어렵고 알 수 없기에 인생은 유쾌한 것이다. 가을이 물들어가는 길목마다 잔잔한 감동과 이야기가 고이고 남았다.

초대에 응할 때 기회가 열린다. 가만히 앉아 작은 창문을 통해 보는 세상은 한 편의 영화처럼 나와 상관없는 각본으로 흘러간다. 세상의 초대에 기꺼이 나아가야 나의 세상을 만날 수 있다. 이번 추천작가회 문학기행은 내 앞을 지나가는 초대일 수도 있었다. 많은 선택과 결정은 무의식중에 진행되기도 한다. 하지만 이번 여행은 확실한 내 선택을 따른 결정이었다. 그들의 그림자는 인생에 대한 관조와 달관을 담고 있다. 시들지 않는 감성과 지적 호기심은 세월의 흐름을 비켜 가는 듯하다. 고요한 호수처럼 잔잔한 미소에 저절로 마음이 넉넉해지는 마법이 곳곳에서 일어난다. 이상적인 인간상을 그리며 가까워지도록 노력해야겠다는 새로운 목표도 생겼다.

나는 글쓰기에 대한 정규 교육을 받지 못했다. 가진 것은 대책 없이 약해빠져 다치기 쉬운 마음이 전부다. 절망과 희망의 가느다란 경계선 위에서 살아남기 위한 몸부림으로 글쓰기를 시작했다. 글에서나마 나는 정직하고 싶었다. 습관처럼 하는 거짓말이 싫었다. '괜찮아, 난 상관없어' 숨 쉬는 것 빼고는 다 거짓말 같은, 무엇이 진짜이고 가짜인지 나조차 분간하기 어려운 거짓말쟁이가 되어버린 나. 이제 듣기 싫어해도, 못 들은 척해도 내 생각을 개진하는 일에 망설이지 않는다. 나이브 아트 화가들도 정규 교육을 받지 못했다. 그렇다고 그들의 그림이 형편없는 그림이던가. 아니 오히려 수많은 명작이 그들 손을 통해 만들어졌다. 꿈틀거리는 재능이 날것처럼 피어나 순수하면서도 매혹적이다. 때로는 다듬어지지 않은 미숙함이 더 강렬하게 다가오기도 한다. 하지만 나는 내 안의 이야기를 쏟아낼 뿐, 이도 저도 아닌 끄적임으로 글을 흉내 내는 중이다. 날이 갈수록 부끄러움만 쌓인다. 착각이 깨질 때의 좋은 점은 더는 다른 인물인 척하고 꾸밀 필요가 없다는 것이다. 고백하건대 이번 생은 글렀지만 나도 아카데믹한 작가가 되고 싶다. 세련되고 깊이 있고 높은 식견을 가진.

지루한 하루를 걱정하지 않아도 되는 아침은 행복하다. 어제의 나와 오늘의 나는 경험치도 다르고 살아온 세월도 다르다. 가장 진실한 나를 마주하게 되는 것은 역시 글을 쓰는 공간이며 시간이다. 나만의 퀘렌시아. 그곳은 생각보다 가까운 곳에 있다.

서늘한 바람에 씻긴 하늘은 더할 나위 없이 청명하다. 항아리 속에 담긴 바다에 꽃잎 배를 띄우고 잔잔한 물결을 타고 항해에 나선다.

홀로 깨어있는 밤

　무엇 때문에 잠에서 깨었는지 모르겠다. 어슴푸레한 빛이 방안을 기웃댄다. 남편은 곤히 잠들어있다. 지난밤 요란한 코골이로 잠을 설치게 하더니 지금은 웬일인지 풀이 죽어 이따금 '푸푸' 소리로 시동만 건다. 깨울 사람이 없으니 코골이도 신이 나지 않는 모양이다. 달갑지 않은 정적이다. 기다렸다는 듯 꼬리를 물고 밀려오는 잡념. 문득 써야겠다고 생각한다. 하지만 펼쳐놓고 보니 깜깜하다. 잡념은 실체가 없다. 뭉클거릴 뿐. 어디서 시작해야 할까. 어디가 처음인지 천천히 더듬어본다. 부질없는 짓이다. 미래의 끝처럼 과거의 처음도 안개 속에 있기 때문이다. 시작이 곧 처음인 것으로 정리한다. 客을 위해 마련된 낯선 방에서 선잠을 깬 이방인이 오도카니 앉아 횡설수설 늘어놓는 속엣말이 그 시작이다.

　언제부터였는지는 중요하지 않다. 자의식을 갖기 시작하면서부터 나는 늘 떠나고 싶었다. 떠나는 행위 자체가 막막해서 좋았다. 가족을 끔찍하게 사랑하면서도 벗어나고 싶은 모순적이고 갑갑한 심경으로 어른이 되기만을 기다렸다. 무엇인가를 하고 싶다는 것은 결핍을 의미한다. 나도 모르게 들어와 나를 제압하고 병을 옮기는 바이러스와 같은 시기. 유년의 시간, 어른이 되기까지의 과정이 더 길었다면 나는 얼마나 더 깊이 병들었을까. 자신을 사랑하는 것은 이기적인 것으로 알았다. 사랑은 언제나 베푸는 것이어야 한다고 생각했고, 그렇게 살려고 노력했으며 그렇게 살지 못해 죄책감을 느꼈다. 저절로 일어난 생각은 삼투압에 스며드는 것처럼 나를 잠식했다. 더디게 흐르는 시간 속에서도 과정은 생략된 채 그렇게 어른 흉내만 내다가 어쩌다 어른이 되었다.

잠이 오지 않는 밤에는 할 수 있는 일이 별로 없다. 멀뚱히 천장만 바라보다가 엎치락뒤치락하다가…. 지난밤 코골이가 미안했던지 구석진 자리에 이부자리를 편 남편이 잠결에 뒤척인다. 남편은 올해 환갑을 맞이했다. 정년이 코앞이다. 30년이 넘도록 단 하루도 결근한 적이 없는 성실한 사람이다. 중매로 만난 남편은 내 이상형과는 거리가 아주 먼 사람이었다. 동그란 얼굴에 감춰지지 않는 촌스러움. 인연이란 참 묘한 것이어서 젓가락질이 서툰 나를 위해 김치를 찢어 밥숟가락 위에 얹어주던 손길이 우리를 부부로 이끌었다. 나중에야 안 사실이지만 내 젓가락질이 여섯 살배기라면 남편의 젓가락질은 다섯 살배기다. 자신도 김치를 먹기 위해서는 손으로 찢어야만 가능한 일이었을 것이다. 하여튼 힐끔거리며 차마 집지 못하는 김치가 밥숟가락에 척 올려졌을 때 닭살을 문지르면서도 달게 삼켰던 그 한 입은 충격적인 경험이었다. 결국 운명이었을까. 평생 여왕처럼 살 수 있을 것 같은 착각은 어처구니없게도 그 김치 한 조각이 불러온 것이다. 다른 것은 상관없다고 생각했다. 적어도 그때는.

'막심 고리키'의 말처럼 부부는 쇠사슬에 함께 묶인 죄인일지도 모른다. 그렇지 않다면 양극에 서 있는 사람이 어떻게 부부로 만나 평생을 벗어나지 못할까. 끊을 수 없는 쇠사슬이지만 그마저도 보이지 않게 엮어놓은 것을 보면 서로 볶고 지지고 괴롭히면서 죄 닦음을 하라는 숙명으로 다가온다. 아! 이 얼마나 무서운 벌인가. 물론 세상의 모든 부부가 같은 모습으로 살아가는 것은 아니다. 평생을 사이좋은 원앙으로 살아가는 부부도 많다. 인간은 결함 자체다. 서로의 결함은 꼬집고 헤집는 것이 아니라 어루만지고 덮어주어야 하는 것을 이제야 수긍한다. 상처를 주는 것과 받는 것은 동전의 양면과 같아서 둘 다 아프다. 작은 얼룩도 바로 닦아내지 않으면 지워지지 않는다. 우리가 지나온 길은 온통 얼룩덜룩하다. 잠자던 기억이 스멀거리면 남편을 향한 원망이 빈속을 갉아 먹는다. 텅 비어 있는 얼굴을 마주할 때 눈물이 난다. 초로의 얼굴은 놀랄 만큼 서로를 닮아있다. 좌우로 움직이는 진자처럼 고된 삶의 굴레는 공평하게 둘 사이를 오간 모양이다. 유일하게 나를 이해하는 존재, 나와 운명을 같이한 사내. 둘의 삶은 어떻게 교차 되었을까. 나쁘지 않은 선택이었다고 다독인다. 아직은 끝이 아니니.

얇디얇은 한지를 바른 문이 푸르스름하게 빛난다. 낮에는 멋스럽기만 하더니 지금은 오소소 소름이 돋는다. 바람의 그림자가 스르륵 지나가자 나도 모르게 이불을 뒤집어쓰고 '불을 켜야 해'라고 속삭인다. 하지만 벽 어딘가에 있을 스위치는 무슨 용기로 찾아낸단 말인가. 나는 어둑해지는 앞산만 바라보아도 무서워질 만큼 겁이 많은 사람이다. '너는 그런 사람이 아니잖아' 그렇게 보일지 몰라도 나는 그런 사람이다. 내 안의 소리는 억누르고 속마음과 다른 말만 하며 세상의 비위를 맞추고 살았다. 홀로 깨어있는 이 한밤. 타인의 눈길을 걱정하지 않고 내 안의 소리에 집중한다.

　언제나 행복은 저 멀리 있다고 생각했다. 하지만 이제는 늘 가까이 있다고 믿는다. 비를 피할 수 있는 집, 좋아하는 책 한 권, 사람들과 나누는 작은 것으로도 나는 행복하다. 세상 전부를 이해하려고 할 필요는 없다. 오십 고개를 넘고 나서야 씁쓰레한 인생살이 맛을 이해하기 시작했고 부족해도 꿋꿋하게 노력하는 나를 인정하기 시작했다. 생각보다 훨씬 더 많은 가능성을 가지고 있다는 사실도 안다. 늦되어도 꽃은 피고 열매는 열린다. 답답한 터널을 한 칸씩 지날 때마다 밝은 세상을 향한 문이 점점 다가온다.

　나는 지금 지리산 둘레길 인월의 민박집에서 홀로 깨어있다. 3코스 출발점이다. 어떤 이는 반대로 금계에서 출발하기도 하니 이 지점은 종착점이기도 하다. 어쩌면 시작과 끝은 같은 의미일지도 모른다. 나의 두서없는 끄적임처럼.

항아리 속 바다에 꽃잎 배를 띄우고

잊고 싶은 여행

　연일 이어지는 한파에 세상은 꽁꽁 얼어붙었다. 오도 가도 못하는 차들의 붉은 빛은 반딧불이처럼 반짝였다. 기상청의 예보에 내 속은 타들어 갔다. 그동안 남편과 아이들 뒷바라지에 바빠 소원했던 친구들과 졸업 후 35년 만에 처음으로 함께 하는 여행이다. 우리는 서로 전화를 붙들고 걱정을 하면서도 강행하자는 의견도, 포기하자는 의견도 섣불리 내놓지 못했다. 그동안 얼마나 많은 계획을 세우고 여행 정보를 뒤졌던가. 내가 꿈꾸던 여행과는 점점 멀어졌지만 아무래도 좋았다. 그 시절의 추억을 되살릴 수 있다면. 그 시절의 우정만 되살아난다면.

　우리의 간절한 바람이 통했는지 여행 전날부터 기적처럼 날씨가 좋아졌다. 렌터카로 자유여행을 고집한 친구가 운전을 맡기로 했다. 이동시간을 줄이기 위해 집이 떨어져 있는 나만 수원역으로 오라고 하더니, 다시 오산역으로 바뀌었다. 아침 8시 약속을 지키기 위해 아직 캄캄한 새벽 6시에 집을 나섰다. 무거운 가방을 메고, 매서운 추위를 견디며, 버스를 타고 다시 전철을 타면서도 좋았다. 약속 시간보다 30분 정도 일찍 도착했다. 낯선 역사 안에 들어서니 휑하니 찬바람만 드나든다. 난방도 안 되고 사람도 뜸하다. 가방을 끌어안고 불안한 눈동자로 두리번거리며 앉아있으니 딱 집 나온 여자다. 어느덧 약속 시간이 지났다. 사정이 생겨 사십 분 정도 늦어진다고 전화가 오더니, 그 후로도 여러 번, 조금만 더 기다리라고 연락이 왔다. 몸은 얼어가고, 그만 집으로 되돌아갈까 참고 더 기다릴까 갈등 속에 머릿속은 터질 것 같았다. 두 시간을 넘기고 나서야 친구들이 도착했다. 모두의 사정이 보태져 늦었다 하니 나눠서 책망할 수도 없는 노릇. 조금씩 사이좋게 늦은 그들에겐 대수롭지 않은 일이었다. 애써 웃으며 서둘러 출발했다.

　한겨울의 해는 낯선 곳에서 더 급하게 기울었다. 아직 정해지지 않은 숙소를 걱정하는 나와 달리 발길 닿는 곳에서 하룻밤 불편하게 자는 것도 새로운 추억이 될 것이라며 무사태평인 친구들. 그동안 회비를 모으고 숱하게 여행계획을 세웠는데 이렇듯 정처 없이 떠도는 여행이란 말인가. 결국, 호텔이 아니라 침대는커녕 매트조차 없는 좁고 허름한 방을 찾아 들었다. 제대로 씻지도 못하고 모로 누워 즐겁게 재잘대는 친구들을 바라보면서 지독하게 외로워졌다. 내가 아끼는 친구들이라면 이보다 더 불편하고 힘든 고생길이라도 기꺼이 즐거운 마음으로 함께 해야 하는 것이 아닌가. 나는 이들의 친구 자격이 없는 것은 아닐까. 모두가 지쳐 잠든 새벽, 어두운 바다에 홀로 떠 있는 배의 불빛을 바라보며 나는 생각했다. 왜 손꼽아 기다려왔던 여행이 이토록 나만 불편하고 힘이 드는 걸까. 견딜 수 없는 상실감으로 지친 나는 다음 날도, 그다음 날도 급한 일을 핑계로 먼저 돌아가고 싶은 마음뿐이었다.

길고 긴 2박 3일의 여행이 끝났다. 차가 막힌다는 이유로 또다시 오산역에 버리듯 나를 내려주고 그들은 달아났다. 파도 소리가 들리는 근사한 바닷가 호텔에서 온천으로 여독을 푼 후, 맛있는 저녁을 먹고 와인 한잔을 나누며 추억을 꺼내어 펼쳐보는 시간. 빛바랜 우리의 우정이 모닥불이 되어 활활 타오르고 그 시절보다 더 성숙하고 넉넉한 정을 나누는 따뜻한 여정이 될 것이라 기대했다. 하지만 그렇게 허무하게 나만의 상상으로 끝나버렸다.

시작부터 내 기대와 달랐던 여행은 자연스럽게 멀어지는 계기가 되었다. '추억'이라는 이름의 폴더 속에, '나' 그리고 '우리'의 이야기를 꺼내어 켜켜이 쌓인 먼지를 털어내고, 반짝거리게 닦아 '지금'이라는 폴더에 차곡차곡 옮겨 담고 싶었던 여행. 기대가 컸던 만큼 큰 실망으로 남았지만 깨달음도 컸다. 과거의 민낯, 그 속의 내 민낯을 볼 수 있었다. 내가 어떤 사람인지, 어떤 이상을 가진 사람인지. 친구들도 각자의 기대와 계획이 있었을 것이다. 자신의 생각과 달라도 한 사람의 리드에 따라 기꺼이 불편을 즐겼던 그들에게는 결코, 나처럼 잊고 싶은 여행으로 남지 않았으리라. 이제 안정된 삶을 누리고 있는 친구들과 모든 의무에서 벗어나 멋진 곳에서 편안한 휴식을 즐기고 자유롭고 낭만적인 여행을 꿈꿔왔던 나. 불행히도 나는 다른 친구의 의견에 한 번쯤은 기꺼이 따라줄 수 있는 아량이 턱없이 부족한 사람이었다. 어쩌면 출발부터 잘못된 여행이었는지 모른다. 나 혼자 희생하고 있다는 착각. 그것은 나를 가장 큰 피해자로 만들었다.

한참이 지난 후 그들을 다시 만났을 때, 점점 닫혀가고 있는 내 마음을 이야기하고 싶었다. 지금까지도 그 기억에서 자유롭지 않은 내가 과연 그들과의 우정을 지켜가고 있는지 의구심이 들었기 때문이다.

하지만, '설명하지 마라. 친구라면 설명할 필요가 없고, 적이라면 어차피 당신을 믿으려 하지 않을 테니까'라는 앨버트 허버트의 말을 떠올리며 그대로 덮어두기로 했다. 넉넉한 회비가 있음에도 고생스러운 여행을 강행한 이유를 내가 이해한 것처럼, 그들도 내가 계획했던 여행의 의미를 이해해 주기를 바랄 뿐. 금이 간 우정은 누구의 잘못이 아닌 긴 공백으로 인한 소통의 문제였다고 확신하게 되기를 기다린다.

혹자는 고등학교 때 친구가 진짜 친구라고 말한다. 하지만 나는 생각이 다르다. 어디서, 어떻게, 얼마나 오래 만났는지는 크게 중요하지 않다. 좋은 것을 보면 먼저 떠오르는 친구가 진짜 친구다. 나보다 상대방을 먼저 생각하는 마음을 나누며 돈독해지는 관계가 다져져서 바위처럼 단단히 뭉쳐지는 것이 바로 참된 우정이 아닐까.

세월의 흐름 속에서 자연스럽게 맺어진 관계를 특별한 관계로 착각하기 쉽다. 친구들과의 여행 경험은 주어진 관계가 아닌 능동적인 관계에 대해서 눈을 뜨게 된 계기가 되었다. 관계의 유지는 한 사람의 노력으로 지켜지는 것이 아니다. 알고 지낸 세월이 만드는 것도 아니다. 서로의 노력과 배려, 시간과 에너지를 투자해야 가능한 것이다. 혈연이 아닌 친구에게 무조건적인 사랑을 쏟으며 의리를 지켜가는 것은 결코 쉬운 일이 아니다. 어려운 일이기 때문에 '우정'이 더 값진 것이 아닌지.

봄이 저물고 있다. '코로나19'로 잠시 거리를 두었던 내 영혼의 단짝에게 이번 주말에는 함께 둘레길을 걷자고 청해야겠다.

무수한 사람들 가운데는 나와 뜻을 같이할 사람이 한둘은 있을 것이다. 그것으로 충분하다.
공기를 호흡하는 데는 들창문 하나로도 족하다. -로망롤랑-

항아리 속 바다에 꽃잎 배를 띄우고

소리의 향연 속으로

(숨 고르기 休 / 경기교사국악관현악단 향연)

막이 올랐다. 한복이 잘 어울리는 단아한 모습의 사회자가 등장한다. 얼씨구, 좋다. 잘한다! 추임새를 배우고 흥을 돋운 후 공연이 시작되었다. 대금과 피리가 첫 무대를 장식한다. 대금은 조율 음을 불어 줄 만큼 다른 국악기에 비해 음이 변하지 않는다고 한다. 염불도드리를 시작으로 타령까지 이어지는 합주는 대금의 소리에 색을 입히듯 피리의 소리가 더해지며 점점 빠른 가락으로 이어진다. 대금은 고개를 왼쪽으로 돌려 어깨에 얹은 다음 땅과 수평이 되게 잡은 자세로 연주한다. 흐트러짐 없는 자세와 연주에 감탄이 흘러나온다. 비란삼(緋襴衫)을 입은 악생(樂生)과 악공(樂工)이 조선에서 21세기로 날아온 듯한 완벽한 재연이다.

다음은 아쟁의 등장이다. 내 귀에는 첼로의 음색과 비슷하게 들린다. 낮은 음역을 담당하는 만큼 장엄하며 차분하다. 음역이 낮고 울림이 커서 가슴을 두드린다. 국악기를 배울 기회가 온다면 아쟁을 배우고 싶다.

거문고는 순우리말 이름으로 가장 넓은 음역대를 가진 전통악기다.

6줄의 현을 연필만 한 술대로 연주한다. 흔히 거문고를 가야금과 비교하기도 하고 혼동하기도 한다. 하지만 나는 다른 것은 다 몰라도 현의 숫자가 음악 시험에 나온 적이 있어서 확실하게 기억한다. 가야금이 여성적이고 기타와 비슷하다면 거문고는 남성적이며 베이스 기타와 비슷하다. 거문고의 연주에 이어 가야금의 연주가 이어진다. 거문고의 소리와 비교해서 들으니 차이가 확실하게 들린다. 가야금은 더 풍부한 음을 표현하려고 본래 12줄의 현을 25현으로 개작하였다고 한다. 가야금으로 듣는 happiness. 행복을 소리로 표현한다면 과연 이 소리겠구나. 절로 행복해지는 선율이며 연주다.

드디어 그녀가 등장한다. 해금을 들고 사뿐사뿐 입장하는 열명의 연주자들. 차분하게 빗어 넘긴 머리와 고상한 빛깔의 한복이 멋스럽고 어여쁘다. 함께 공부하는 사람의 또 다른 재능을 보는 것은 참으로 즐거운 일이다. 그녀의 맵시가 돋보인다. 새삼 자랑스럽다. 무대 정중앙 앞자리는 연주자의 긴장된 표정과 몸짓이 고스란히 느껴진다. 절로 두 손을 모으며 응원을 보낸다. 말총으로 된 활과 명주실을 꼬아 만든 두 줄의 현이 비벼지며 애련한 음색의 음률이 잔잔히 흐르기 시작한다. 두 줄의 현 위를 미끄러지는 활의 움직임을 따라 아름답고 애절한 선율이 스며든다. 사계의 흐름이 느껴지는 '시대를 초월한 마음'이란 곡이다. 곡선의 배래는 활을 따라 부드럽게 움직이며 수천 년의 시간을 거슬러 우리를 이끈다. 선율을 타고 손짓을 따라가는 착각에 빠져든다. 어느새 해금의 순서가 끝났다. 열심히 손을 흔드는 우리를 향해 보일 듯 말 듯 미소를 보여주는 그녀. 참으로 멋진 연주였다. 그칠 줄 모르는 박수가 고된 연습의 가치를 인정해 주었다.

설장구를 끝으로 파트별 연주가 끝나고 국악관현악단 전체 향연이 이어졌다. 설장구 팀은 드럼과 꽹과리, 북을 맡아 흥을 돋우며 타악기의 매력을 여실히 증명했다. 특히 공연장에 울려 퍼지던 설장구 리더의 추임새, 꽹과리와 드럼을 오가며 환상적인 리듬감으로 악단을 이끌던 짧은 머리 그녀의 잔상이 아직도 뇌리에 남아있다. 단아한 모습의 사회자가 부르던 노래 상사화, 인연은 새로운 내 애창곡이 되었고.

시대를 초월하는 향연은 명확한 사실을 확인시켜 주었다. 우리 것은 좋은 것이여!

외길에 서서

항아리 속 바다에 꽃잎 배를 띄우고

두 갈래로 흐르던 길이 하나로 흐른다. 아니, 본래 하나로 흐르던 것이 두 갈래가 된 것인지도 모르겠다. 하여튼 외길을 향해 나는 홀로 서 있다. 언제부터인가 갈래 길에서 허둥대는 일이 사라졌다. 그저 천천히 앞을 향해 나아갈 뿐. 결정장애가 있는 나는 외길이 더할 나위 없이 좋다. 여러 갈래 길을 만나 한 걸음을 옮기기까지 얼마나 많은 생각을 했던가. 확신이 없는 걸음은 언제나 주춤거리고 다른 길에 대한 미련이 발목을 잡았다. 허기진 욕망에 집중하는 동안 내 삶은 정처 없이 떠돌았다. 외길에 선 지금에서야 비로소 내 삶의 중심에 서 있음을 확신한다. 윤기는 사라지고 주름이 늘어가도 나는 그 어느 때보다 편안하다. 지나온 길은 결국 외길로 향하는 여정이다. 삶은 잘 살아야 할 과제가 아니다. 흐름을 따라 맞닥뜨리게 되는 현실이 그려내는 지도일뿐. 잘 살아도 못 살아도 되돌릴 수 없으며, 설사(設使) 백번을 다시 산다 해도 더 잘 살 수 있다는 보장은 없다. 그러니 후회로 낭비할 이유가 없다. 지금은 너그럽게 안아주며 토닥여 줄 때다. '그래, 수고했어.'라고.

항아리 속 바다에 꽃잎 배를 띄우고

향기 속에 머물다

처음 그리고 시작

어떤 일이든 처음과 시작이 있기 마련이다. 하지만 처음은 언제나 두렵다. 잘 해낼 수 있다는 자신감은 내려놓고 먼저 실패감을 가불하여 쓴다. 모든 경우의 수를 실패 하나로 모아 미리 걱정하며 전전긍긍하는 것이다. 가만있으면 중간이라도 간다고 했다. 허점투성이인 내가 실패를 피할 수 있는 유일한 방법은 가만히 숨어 있는 것이다. 하지만 그것은 나에게 숨도 크게 쉬지 말라는 얘기와 같다. 다행인지 불행인지 나는 겁이 많아도 가만히 숨어 있는 성격은 아니다. 앞으로 나아가야 허겁지겁 숨을 쉬고, 나 여기 있노라 하고 나서야 직성이 풀린다. 겁이 많은 것도 '나'이지만 나대는 것도 '나'다. 해놓고 후회, 미리 포기하고 후회. 어차피 후회는 피할 수 없다. 단언컨대 나는 미리 포기한 일보다 시도해 본 일이 더 많다. 당연히 쓰라린 실패의 기억도 많다. 발꿈치에 후회가 졸래졸래 따라붙는다. 하지만 그 모든 경험은 나에게 적잖은 지혜를 보태고 새로운 도전의 엔진이 되어준다.

새 동료가 들어왔다. 27살이다. 그녀를 따라온 3월의 풋풋한 향이 싱그럽게 퍼진다. 어리둥절한 표정 하나하나가 생동감이 넘치고 귀

엽다. 정년퇴직이 다가오는 나로선 눈부신 젊음 앞에 새삼 주눅이 든다. 그저 멀찍이 서서 한껏 부드러운 미소를 지어 보인다. '나 때는 말이야.' 이런 말은 절대 하지 않겠다고 다짐하면서. 인간관계만큼 어려운 숙제가 있을까. 너무 조심해도 어렵고 너무 다가와도 불편하다. 그녀는 새 환경에서 새로이 시작했다. 시작은 곧 나아감이며 결과가 불투명한 도전이다. 그녀의 도전은 다행히 순조로워 보인다. 이미지 그대로 당차고 야무지게 잘 적응해 간다. 오히려 이 환경에 익숙하고 느긋한 사람들 속에서 어정쩡하게 섞여 있는 내가 도드라져 보일 뿐.

돈을 벌겠다고 서울로 올라와 내가 처음으로 하게 된 일은 소규모 업체의 경리였다. 서부역에 있는 허름한 건물이었는데 1층은 공장으로, 2층은 사무실로 두 업체가 나누어 썼다. 종일 발바닥을 울리는 소음 속에서 눈물이 쏙 빠지도록 혼나고 구석에 숨어 훌쩍거리던 기억이 아직도 생생하다. 준비 없이 뛰어든 어른들의 세상은 어둡고 무서웠다. 그래도 일 년여를 버티며 한 걸음 한 걸음 더 깊숙이 서울 사람 속으로 들어갔다. 그 시간을 버티게 한 힘은 무엇이었을까. 내 안에서 끓고 있는 용기가 아니었을까. 어쨌든 출발선을 넘으면 앞으로 가게 되어있다. 어차피 아무리 둘러봐도 도망칠 곳은 없었지만 말이다.

천천히 시작했더라면 나의 첫 돈벌이는 좀 더 수월했을까. 정도의 차이는 있겠지만 역시 쉽지 않았을 것이다. 처음이니까. 누구에게나 처음과 시작은 힘들기 마련이다. 두려움을 누르고 행동에 나서게 하는 것이 용기다. 용기를 내지 않으면 더 먼 길로 돌아갈 수밖에 없다. 미련이 남는 것보다 도전해 보는 편이 낫지 않을까. 하다 하다 안되면 그만두면 될 일. 세상은 넓고 길은 사방으로 뻗어 있으니 말이다.

용기는 엔진이다. 크고 중요한 순간뿐만 아니라 작은 일에도 동력은 필요하다. 발타자르 그라시안은 쉬운 일은 어려운 듯이 어려운 일은 쉬운 듯이 하라고 했다. 생각보다 세상은 단순하고 인생도 복잡하지 않다. 앞으로 나아가면 되는 것이다. '원래 이런 나'를 받아들이는 것이 첫째요, '부족한 나'를 온전히 믿는 것이 둘째요, '방향을 가리키는 나'를 따라가는 것을 끝으로 준비는 완벽하다. 다시 시작이다. 해보자, 나는 해낼 수 있다.

용기는 항상 크게 울부짖는 것이 아니다. 용기는 하루의 마지막에 '내일 다시 해보자'하고 말하는 작은 목소리일 때도 있다. -메리 앤 라드마커(Mary Ann Radmacher)

항아리 속 바다에 꽃잎 배를 띄우고

가고 나니 오더라

연일 내리는 세우(細雨)에 세상은 촉촉하게 젖었다. 눈이 녹아 비가 되어 내리는 우수(雨水). 겨울의 냉기는 한풀 꺾였다. 성미 급한 나무는 벌써 꿈틀거리고 기지개를 켠다. '아이야 좀 더 기다리렴. 꽃샘추위의 심술도 만만치 않단다.' 아리송한 봄기운에 물색없이 봉오리를 무는 목련이 바르르 떤다. 보채지 않아도 올 것은 온다.

그녀가 떠나간다. 이삿짐은 종이상자 두어 개가 전부다. 또각또각 발소리가 텅 빈 복도를 울린다. 어쩌면 그녀는 한동안 북적대던 사람들과 소음을 그리워할지도 모르겠다. 떠나오고 나서야 지나간 것과 흘려보낸 것들이 크게 다가오는 법이니까. 잔비는 그치지 않고 내린다. 손을 흔들어줄까. 가볍게 안아줄까. '잘 가'란 두 음절의 짧은 인사가 나올까. 떠나는 이의 뒷모습을 보는 것은 아무리 마음을 다잡아도 쉬운 일이 아니다. 이미 돌아서 있는 마음을 들킬까 조바심이 난다. 결국 나는 가볍게 안아주고 '잘 가'란 인사와 함께 보이지 않을 때까지 양손을 열심히 흔들며 배웅한다.

그녀를 처음 만나던 날은 아직도 생생한 기억으로 남아 있다. 화장

기없는 맨얼굴이 참 고왔다. 차분한 분위기도 마음에 들었다. 아이가 셋이라고 했다. 연이은 육아휴직을 보내고 낯선 환경 속으로 돌아온 복직은 얼마나 큰 부담일지 짐작만으로도 무겁게 다가왔다. 더군다나 지방에 가족을 두고 홀로 올라와 지냈으니 얼마나 외롭고 힘들었을까. 금요일 퇴근은 세 시간을 달려 가족에게 돌아갔다가 월요일에 다시 새벽길을 달려 출근하는 강행군을 이어가면서도 그녀는 의연했다. 긴 공백은 전혀 문제가 되지 않았고 업무처리에 소홀함도 없었다. 그녀와 나는 열 살 이상의 나이 차가 있다. 하지만 그녀와 나는 동료였고 동지였다. 서로 부족한 부분을 채워주고 응원하며 의지해온.

인사이동을 앞두고 그녀의 고민이 깊어지는가 싶더니 갑자기 사직서를 냈다. 가장 큰 이유는 엄마의 부재에 따른 아이들의 정서적 불안이다. 가끔 복도를 서성이며 통화하다가 눈물을 훔치는 그녀를 보기도 했다. 직장에서는 가족 생각, 집에서는 일 생각. 어디서도 마음을 놓지 못하는 그녀가 참 안쓰러웠다. 곱던 얼굴은 점점 까칠해지고 어두워져 갔다. 끝내 퇴직을 결정하게 될 때까지 얼마나 많은 생각을 거듭했을까. 그녀의 일에 대한 열정과 미련을 알고 있기에 더 마음이 아팠다. 하지만 숙고 끝에 내린 그녀의 결정을 흔들고 싶지는 않았다. 기로에 서서 머뭇거리고 있는 동안 더 좋은 기회가 슬그머니 지나갈지도 모르기 때문이다. 그저 그녀의 선택이 더 큰 행복을 향해 곧게 뻗은 고속도로이기를 기원할 뿐.

오늘 또 다른 의자의 주인이 떠나간다. 바퀴가 달린 커다란 가방 두 개도 따라 나와 나란히 서서 주인을 호위한다. 미처 털어내지 못한 먼지는 이곳에서 지낸 시간이 앉은 것이다. 주인의 책상 옆에서 꿈쩍도 하지 않고 자리를 지킨 세월이 어느덧 2년이다. 자리를 옮겨가는 중이지만 들뜬 표정은 아니다. 옮겨가도 다를 바 없는 위치에서 주인을 지키게 될 것임을 잘 알고 있기 때문이다. 말끔한 양복에 잡티가 사라져 말끔해진 얼굴로 손을 내미는 그를 새삼스럽게 바라본다. '잘 있어요, 잘 가세요.'란 인사는 얼마나 진부한가. '그동안 감사했습니다'라는 인사 또한 마찬가지다.

그의 근무지는 오늘까지 여기다. 초고속 승진이다. 2년 만에 많은 경쟁자를 물리치고 최고 관리자가 되어 떠나는 그에게서 광채가 난다. 며칠 전부터 얼굴에 군데군데 붙이고 다니던 살색 테이프를 떼어내니 피부는 한결 맑아졌고 희끗희끗한 머리칼도 검게 물들이고 나니 십 년은 젊어졌다. 그렇다. 새로운 시작은 새 세상을 맞이하듯 새로운 마음으로 열어야 한다. 그는 이제 완벽한 준비 자세로 휘슬이 울리기를 기다리고 있다.

첫 만남을 떠올리는 일은 쓸잘데기 없는 짓이다. 뒤엉켜있는 기억의 뭉치에서 처음을 찾아내는 것은 거의 불가능에 가깝다. 나는 엉킴 그 자체를 혐오하여 시도조차 하지 않는다. 하지만 희한하게도 끝의 기억은 선명하다. 중앙현관에서 그를 배웅한 기억도 또렷한 기억으로 남게 될 것이다. 어쩌면 10년의 세월을 깎아낸 그의 놀라운 회춘 과정도 보너스처럼 얹어 기억할지 모르겠다. 한 오라기 기억을 떠올릴 때마다 피식 웃음 짓게 될 그의 기억. 그는 작은 일 처리 하나에도 엄지를 치켜세우고 박수를 보내는 덕장(德將)이었다. 시간이 날 때마다 다양한 지식과 기술을 전수하려 드는 그의 열정이 나를 성장시켰다. 하지만 학습 능력이 떨어져 부끄럽기도 하고 상사와 함께하는 학습은 그야말로 부담 그 자체였다. 온전히 내 것이 된 지식은 10%에도 미치지 못하나 업무능력은 향상되어 보다 쉽고 편리하게 업무를 수

행할 수 있게 되었다. 그는 나의 훌륭한 상사이자 때로는 든든한 동생이었다. 이제 그는 떠난다. 나는 비로소 안도한다. 끝까지 좋은 관계를 유지해 왔다는 사실에 크게 만족하며.

빈자리는 새 주인이 들어왔다. 엄밀히 말하자면 새로 온 사람일 뿐 주인은 아니다. 때가 오면 배턴처럼 건네는 자리다. 가고 오는 과정은 공백없이 하나로 연결된다. 아직 남아 있는 온기조차 새 주인은 느끼지 못한다. 낯섦에 질려 공연히 분주하게 움직일 뿐. 하지만 야물지 못하고 얼뜨며 어색한 미소는 곧 사라질 것이다.

새 사람이 오고 정든 사람이 가는 것. 그것은 작은 변화에 지나지 않는다. 하지만 사소한 일상에 담긴 깊고 깊은 인연의 비밀이 숨어있다. 처음 보는 듯이 새롭게 여기고 마지막을 보는 듯이 절실하게 여기는 마음이 필요한 이유다. 새삼스러운 눈으로 보아서 그럴까. 떠나갈 시간이 다가올수록 여태 보지 못했던 새로운 모습이 나타난다. 떠나는 이와 남은 이가 주고받을 수 있는 가장 큰 선물은 바로 그것이다. 일상에 숨겨져 보지 못했던 서로의 따뜻한 온기. 완벽한 사회생활은 안달복달이 만들어 주지 않는다는 사실을 되새긴다. 긴장이라는 고삐를 쥐고 나아갈 때도 내 안의 밝은 에너지로 나를 밝히고 주변을 따뜻하게 만들 수 있어야 한다는 것도. 시작보다 끝이 아름다워야 한다는 것도.

그저 끄적임

즐거울 때는 크게 웃으면 그만이다. 굳이 설명하지 않아도 충분하다. 하지만 마음이 무거울 때는 복잡해진다. 어디엔가 그 감정을 내려놓아야 하니까. 누군가에게 감정을 털어놓는 것은 해결을 바라는 게 아니라 그저 들어줄 사람이 필요해서다. 안타깝지만 나만큼 나를 이해할 수 있는 사람은 없다. 말은 많이 할수록 후회도 커지는 법. 가벼워지는 것은 '나'란 존재일 뿐 감정은 고스란히 남는다. 잠깐의 카타르시스 대가로 물에 젖은 솜뭉치처럼 축 늘어지는 마음은 또 어찌할꼬.

많은 말을 쏟아내 놓고도 정작 하고 싶은 말은 하지 못한 채 아무에게도 보내지 않을 메시지를 쓰고, 메모장에 혼잣말을 적는다. 감정을 추스르고 떼어놓기 위한 나만의 방식이다. 그렇게 써 내려간 문장들을 다시 읽다 보면 내가 어느 지점에서 지나치게 감정적으로 반응했는지, 무엇을 놓치고 있었는지 비로소 보이기 시작한다. 그리고 그 안에서 내가 왜 힘들었는지, 무엇을 기대했는지 스스로 깨닫게 된다. 글은 그렇게 조용히, 그러나 정확하게 나를 보여준다.

글을 쓰는 시간은 나 자신과 깊게 마주하는 시간이다. 하얀 여백은 인간관계에서의 어려움을 거침없이 토로할 수 있는 나만의 비밀 공간이다. 사람은 본질적으로 이기적인 존재다. 나 또한 예외는 아니다. 힘듦은 대부분 내 기대에서 비롯된다. 가깝다고 생각했던 사람으로부터의 실망과 배신을 경험하기도 한다. 나누고 싶은 마음이 일방적으로 흘러가도 당연한 듯 받기만 하는 사람도 있고, 도움을 받으면서도 보답 대신 자신의 인간관계 확장을 위해 엉뚱한 방향으로 움직이는 사람도 있다.

특별한 우정을 쌓아가는 일은 모험이 아닐 수 없다. 자기희생이 따라야 하는. 하지만 나는 그리 너그럽지 못하며 다분히 이기적인 사람이다. 가까운 사람에게도 마음속 깊은 이야기를 꺼내는 일은 쉽지 않다. 말이 많으면서도 하고 싶은 말을 뺀 나머지를 쏟아내고 사는 나의 갈증을 누가 짐작이나 할 수 있을까.

지독하게 앓고 난 후의 일이다. 처음으로 진짜 나를 마주한 기분은 허무로 가득했다. 아무것도 아닌, 끝내 무엇인지조차 모르고 돌아갈 그런 것들을 좇으며 달려온 길은 여전히 텅 비어 있었다. 세상이 푹 꺼져버리면 좋겠다고 애먼 곳에 발길질하던 시간이 되돌아와 나를 쳤다. 그동안 단 한 번이라도 나를 보듬은 적이 있었던가. 아무것도 하지 않아도 시간은 흘렀다. 천천히 의식이 깨어나고 힘이 생기며 나도 모르는 사이 무기력을 벗어났다. 세상의 끝이길 간절히 바랐던 투병 시간은 다시 새롭게 살아갈 수 있는 길로 들어서기 위한 진통의 시간이 아니었을까.

돌이켜 보면 나는 늘 끄적이며 듣는 이 없는 이야기를 두서없이 써 내려가곤 했다. 낙서는 문장이 되고 문장이 이어져 글이 되었다. 내가 쓴 글의 대부분은 부끄러운 어제의 이야기 모음이다. 아프고, 뼈아픈 후회가 꿈틀거리는. 나는 글의 형식을 잘 알지도 못하고 쓴다. 잘 쓴 글을 흉내 낼 수도, 따라 할 수도 없는 무지렁이 글쟁이다. 따라서 내 글은 그저 끄적임이라고 생각한다.

하지만 그 끄적임 속에서 비로소 나는 거침없고 자유로운 나를 본다.
고쳐 쓸 수 없는 나를 다듬어 가는 과정, 바로 끄적이는 시간이다.

땅따먹기

　우리 집 마당은 전쟁터다. 마당 한 귀퉁이에 그려진 사각의 링에서 치열한 땅따먹기가 벌어지기 때문이다. 나는 새집 머리에 눈곱도 떼지 못하고 마당으로 나와 초조하게 아무개를 기다린다. 아무개는 땅따먹기 고수다. 승자의 걸음은 언제나 여유가 넘친다. 느긋한 걸음으로 나타나 나의 도전을 받아들인다. 오늘은 기필코 승리해서 우리 집 마당을 되찾고 말리라. 고르고 고른 사금파리를 돌팍에 갈고 문지르며 전의를 다진다. 하지만 흙먼지를 뒤집어쓰고 무릎걸음으로 몰두해 봐도 이변은 없다. 필연적인 귀결처럼 결국 아무개의 승으로, 그것도 아주 싱겁게 끝이 나고 말았다. 제집인 양 뻐기고 선 아무개의 치뜬 눈은 승리감에 취해 있다.

　겨우 몇 번의 가위바위보와 사금파리의 삐딱선이 더해져 내 땅 전부를 잃고 말았다. 부아가 치밀어 쥐고 있던 사금파리를 두엄자리에 패대기친다. 아무개가 가진 사금파리는 날마다 바뀌는 내가 가진 그것과 격이 다르다. 적당한 크기와 두께는 물론, 동전처럼 동그랗게 다듬은 모서리는 매끄러우며 양면 모두 반짝반짝 윤이 난다. 길은 또 얼마나 잘 들었는지 손끝으로 톡 쳐서 보내면 한 치의 오차도 없이 정확하게 미끄러져 안착한다. 정말 탐나는 보물이다. 하지만 단 한 번도 빌려주는 법이 없고, 단 한 순간도 주인의 부름 없이 주머니에서 나오는 법이 없다. 빛깔 고운 사금파리를 주워 돌팍에 문지르며 아무리 공을 들여봐도 아무개 앞에서는 맥없이 무너졌다.

문서가 오가지 않은 것이 얼마나 다행스러운 일인가. 내 손가락은 어디가 잘못된 것일까. 가위바위보도 이기는 법이 없고, 사금파리를 부리는 기술도 좀처럼 나아지는 기미가 없다. 뼘을 늘리려고 손 마디를 꾹꾹 눌러보고, 뚝뚝 소리가 나도록 꺾고 잡아당겨도 아무개의 한 뼘은 내 두 뼘과 맞먹는다. 결국, 땅따먹기는 백전백패였다. 씁쓸한 기억이다.

그 시절에는 핀치기, 구슬치기, 공기놀이, 딱지치기, 깃발 쓰러트리기 등 따거나 잃는 놀이가 주를 이루었다. 아무리 재미있는 놀이라 해도 매번 지는 놀이가 즐거울 리 만무. 나는 춥고 배고픈 것보다 옷자락에 매달린 핀의 개수에 더 허기를 느꼈다. 하물며 내 집 마당에서 벌인 땅따먹기가 안겨준 패배감과 상실감이란…. 하지만 나의 입장이 아무개와 바뀐다면 땅따먹기만큼 재미있는 놀이가 또 어디 있을까. 습관처럼 지는 패자의 생각이지만 땅따먹기는 특히 아이들 놀이로 부적절해 보인다. 세상에! 가위바위보와 사금파리 조종으로 땅을 따먹다니 이런 황당한 놀이가 어디 있단 말인가.

퇴직을 앞둔 남편이 부쩍 땅을 욕심낸다. 하지만 공중에 떠 있는 집 한 칸이 우리의 전 재산이다. 그것도 공평하게 반으로 나누어 가졌으니 같이 살 수밖에 없는 공동체의 운명을 가진 셈이다. 적당히 떨어진 곳에 남편의 땅을 사주고 공중에 떠 있는 집일망정 온전히 차지하고 싶은 마음이 굴뚝 같으나 아쉽게도 사금파리와 손기술로 딸 수 있는 땅은 세상에 없다. 물론 그마저도 자신이 없지만. 나는 어릴 때부터 온갖 농사일을 경험한 터라 귀촌은 생각해 본 적도 없다. 남편의 땅 타령은 참으로 난감하기만 하다. 우스갯말로 3대가 덕을 쌓아야 주말 부부를 할 수 있다는데 나에게도 조상님이 쌓은 덕으로 주말부부로 살아갈 기회가 찾아올까. 그러나 난관이 가로막는다.

첫째, 남편은 나와 다르게 주말부부를 원치 않는다는 것이다. 그는 겁이 많고 외로움을 잘 타며 혼자 하는 것을 좋아하지 않는다. 나 역시 겁이라면 지지 않으니 겁보 둘이 만나 서로 힘을 보태며 그럭저럭 잘 버텨온 셈이다. 때늦은 남편의 홀로서기는 겁을 쫓아내고 용기를 들이는 것이 우선 되어야 할 것이다. 하지만 과연 말처럼 쉬운 일일까.

둘째, 돈이 문제다. 가장 큰 난관이니 첫 번째 이유여야 하지만 돈 이야기는 구질구질하다. 따라서 궁색함을 개의치 않는 것처럼 두 번째로 슬쩍 끼워 넣고 어차피 없는 돈을 한껏 무시해 본다. 나는 세상에서 빚이 제일 무섭다. 남편의 땅을 목표로(사실은 주말부부를 목표로) 살뜰히 저축해도 땅값은 하루가 다르게 치솟아 꿈은 자꾸만 멀어진다. 가까운 땅은 어림도 없고, 먼 곳은 왕래가 어려우며 연고조차 없다. 빚이 싫으면 형편에 맞추어 알아봄이 마땅하다. 톨스토이의 이야기 '사람은 얼마만큼의 땅이 필요할까'를 교훈으로 삼아 욕심을 돈주머니 크기로 줄이는 것이 최선이다. 러시아 농부 '바흠'은 결국 반 평 크기의 땅에 묻히지 않았던가. 하지만 남편이 원하는 땅은 관을 묻기 위한 것이 아니다. 그에게 필요한 땅은 자연의 품에서 자연인으로 살아갈 수 있는 삶의 터전이다. 아담한 초가를 지어 탱자나무 울타리로 감싸고 바지랑대가 치켜올린 빨랫줄에 하얗게 바랜 이불이 한들거리는 앞마당(이것은 나의 바람이다) 정도는 필요하지 않을까. 딱 하나만 더 욕심낸다면 남편의 보물 1호, 자전거를 비바람으로부터 보호할 수 있는 공간이다. 자전거를 탈 때마다 베란다에서 꺼내어 거실을 가로지르고 좁은 현관을 거쳐 곡예사처럼 자전거를 꼿꼿하게 세운 채 엘리베이터를 타야 한다. 8층을 오르내리는 과정을 지켜보다 보면 나까지 힘겹다. 남편에게는 얼마만큼의 땅이 필요할까. 좀도리쌀 모으듯 푼돈을 저축해서 그 땅을 살 수 있는 날이 과연 오기는 오는 것일까. 그놈의 돈, 돈이 가장 큰 문제다.

셋째, 허술한 계획이다. 자연을 친구삼아 자급자족의 삶으로 가는 과정은 결코 만만한 것이 아니다. 시골살이를 선택한 순간 자연은 놀이터가 아닌 생활의 장이 된다. 땅은 꼬장꼬장한 성미를 가졌다. 부지런하고 성실한 손길을 좋아하고 조금만 소홀해도 형편없는 소출을 내어주며 가차 없이 응징한다. 구속 없는 자유로운 땅은 세상 어디에도 없으며 거저 주는 것도 없다. 유유자적하며 땅을 향한 욕심을 채울 수는 없다. 하나는 반드시 내려놓아야 한다. 꿈의 실체를 보지 못하고 무작정 꿈을 좇는 것은 섶을 지고 불로 들어가려 하는 것과 같다. 매일 아침 산에 올라 탁 트인 정상에서 살얼음 막걸리를 마시는 즐거움, 한적한 들길에서 즐기는 라이딩, 보물 1호 자전거를 위한 공간… 과한 욕심은 아니나 그 즐거움만을 좇아 땅을 탐하는 것은 땅에 대한 예의가 아니다.

땅은 모든 생명의 원천이며 사랑과 존중의 대상이다. 땅처럼 생각하는 법도 알지 못하면서 자연인으로 살아가는 것은 거짓된 삶이다. 얼마만큼의 땅이 필요한가는 쓸 사람이 정하는 것이다. 땅을 얻기 위한 노력의 가치도. 또한 잊지 말아야 할 것은 문서는 남을지라도 땅은 영원한 내 것이 아니라는 사실이다. 순환은 거부할 수 없는 자연의 법칙이므로.

석양이 내려앉는 둑길을 긴 그림자 두 개가 우쭐거리며 걸어간다. 논병아리의 자맥질은 한가롭기만 하다. 유유자적은 마음에 달린 것임을 문득 깨닫는다. 석양이 물들어 가는 세상에서 두 그림자는 인생을 닮은 미소를 짓는다.

항아리 속 바다에 꽃잎 배를 띄우고

읍내 아이, 산골 아이

　하얀 얼굴, 갈색의 머리칼과 눈동자. 곱게 다듬어진 단발머리는 작은 움직임에도 찰랑거리며 반짝거렸다. 구김 하나 없는 교복, 새하얀 양말은 단정하게 삼단으로 접혀 반짝거리는 검은 구두와 멋지게 어울렸다. 치마 아래로 드러난 종아리는 분칠을 한 것처럼 깨끗했고, 매끈한 '왜무'처럼 곧았다. 국민학교 때는 전혀 눈에 띄지 않았던 아이가 중학교 입학식에서 모두의 시선을 집중시키게 될 줄은 꿈에도 몰랐다. 그 아이는 백조가 되어 등장했다. 중학교 입학식에서…, 이후, 내 성장기 속으로.

　그 아이의 이름은 '시○○'이었다. 성이 '김'가도 아니고, '송, 박, 이…,'도 아닌 '시'가였다. 말투는 또 얼마나 애교스럽고 귀여운지 아무리 무서운 선생님도 못 이긴 척 넘어가시곤 했다. 선생님을 부를 때는 "성생님, 성생님" 꼭 두 번 이상 겹쳐 부르고, "싫어, 싫어"를 꼭 "시더, 시더" 혀 짧은 소리와 함께 살짝 몸을 외로 꼬고 도리도리를 했다. 어떻게 해도 예뻐 보이는 아이. 부러움에 남몰래 흉내를 내보고, 연습해 봐도 우스꽝스럽기만 했던 내 모습은 지금 떠올려도 피식 웃음이 난다. 세상이 두 쪽이 나도 내가 할 수 없는 무엇을 그 아이는 넘치게 가지고 있었다.

시냇물 흘러서 가면 넓은 바닷물이 되듯이
세월이 흘러 익어간 사랑 가슴속에 메워있었네
그토록 믿어 온 사랑 내 마음에 믿어 온 사랑
지금은 모두 어리석음에 이제 너를 떠나간다네
저녁노을 나를 두고 가렴아 어서 가렴아 내 모습 감추게
밤하늘에 찾아오는 별들에 사랑 이야기 들려 줄 거야
(곡목 : 나는 너를, 노래 : 장현)

몇 년 전 드라마 'OST'로 이 노래가 나왔을 때, 까마득히 잊고 있었던 그 아이가 불현듯 생각났다. 눈은 지그시 감고, 양다리는 가지런히 모아 리드미컬하게 움직이고, 가사 내용에 맞춰 양팔을 교차로 살짝 휘저으며 까딱까딱하던 고갯짓이 얼마나 어여쁘고 세련된 몸짓이었는지. 말로 표현하자니 뜻대로 그려지지 않아 답답하다.

산골 아이는 햇볕에 그을려 까무잡잡했다. 입가에는 꽃처럼 하얗게 버짐이 폈다. 어머니는 무딘 가위로 정성을 다해 단발머리를 만들어 주셨지만, 귀 끝과 정확하게 맞닿은 바가지머리가 되고 말았다. 아무리 물을 묻혀서 가라앉혀도 바람 한 줄기만 지나가면 산발이 되는 머리. 궁리 끝에 실 핀을 꽂아 이마에 찰싹 붙이고 다녔다. 우리 어머니 솜씨로 그 동네 아이들은 모두가 나처럼 깻잎 머리의 시조가 되었다. 교복은 항상 구겨져 있고, 양말은 짝이 맞지 않거나, 목이 늘어나 흐물흐물 맹꽁이 운동화에 널브러져 있기 일쑤였다.

십 리가 넘는 굽잇길을 오르막은 걷고, 내리막은 자전거를 타고 다녔다. 네 명의 아이들이 자전거 핸들에 교복 치마를 척 걸치고 열을

항아리 속 바다에 꽃잎 배를 띄우고

맞추어 페달을 힘차게 밟고 지나가며 읍내 아이들을 한껏 내려다봤다. 하지만 고작 시속 5km인 자전거가 그들의 관심을 끌리는 만무다. 산골 아이들의 종아리엔 훈장처럼 감자만 한 알통이 생겼을 뿐이다. 산골 아이들의 종아리는 '조선무'라고 불렀다.

바깥세상에 대한 호기심으로 눈빛만 반짝거리던 나. 읍내 아이처럼 예쁘지도 않고, 귀엽지도 않았다. 나도 하얀 피부를 갖고 싶었고, 귀밑 3cm 길이의 찰랑거리는 단발머리를 갖고 싶었다. 아버지가 부르시던 '두만강 푸른 물에 노 젓는 뱃사공' 보다 더 인기 있는 노래를 부르고, 멋지게 춤도 추고 싶었다. 나보다 공부 잘하는 아이들은 밉지 않았는데, 예쁜 아이들은 미웠다. 슬프게도 내 주위의 열에 일곱 이상은 나보다 예뻤다. 열네 살의 눈에 비친 세상도 나처럼 예쁘지 않았다. 불공평해 보였고, 유독 나한테 가혹했기 때문이다. 큰 도시 사람이 되는 것만이 내 인생 목표가 되었다. 버스만 봐도 멀미를 하는 촌티를 벗어버리고, 핏기 없는 하얀 피부에 노랫소리 같은 서울말을 쓰고 싶었다. 꿈에 그리던 도시, 전주로 진학하면서 읍내 아이는 곧 기억 속에서 사라졌다.

지난한 세월이 지나갔다. 학교를 졸업하고, 직장에 다니고 좋은 사람 만나 결혼도 했다. 나는 지금 한 아이의 엄마이며 한 남자의 아내다. 한 줄기 바람에 갈색의 단발머리 웨이브가 반짝이며 찰랑거린다. 어릴 적 읍내 아이처럼. 그 아이 어머니는 읍내 미장원에서 세련된 머리를 만들어주는 기술자였고, 우리 어머니는 산골 우리 집 마당에서 온 동네 아이들의 머리에 바가지를 씌우지 않고도 찍어내듯 똑같이 자르는 기술자였다. 물론 돈은 당연히 받지 않았다. 나중에 우리 어머니가 만들어주신 바가지머리가 유행한 적도 있으니 좀 더 앞선 기술자라고 내 멋대로 우리 어머니 손을 번쩍 들어준다.

읍내 아이는 어디에서 살고 있을까. 산골 아이는 도시에서 미아가 되어 있는데….

항아리 속 바다에 꽃잎 배를 띄우고

조 여사

　세월의 강은 말없이 흐른다. 잔잔한 물결 위에 해의 그림자가 기울어 곱게 물들어 갈 때, 지워졌다고 믿었던 기억의 조각들과 함께 떠오르는 얼굴. '조 여사'다. 홀연히 나타나 야금야금 곁을 파고들더니 이렇게 긴 세월 친구로 남게 될 줄은 꿈에도 몰랐다. 시작이 그러하듯 그저 앞서거니 뒤서거니 하면서 나란히 걷고 있을 뿐, 먹는 줄도 모르고 세월을 먹었다. 그렇게 흘러간 36년이 어디론가 숨어버렸다.

　'조 여사'를 만날 무렵, 나는 귀향을 고민하던 중이었다. 꿈꾸던 서울살이에 준비도 없이 뛰어들었다가 채 일 년이 지나기도 전에 만신창이가 되었다. 상경 후, 처음 시작한 일은 소규모 공업사 경리였다. 박봉에 온갖 잔심부름은 물론이고, 사장의 사촌까지 합세한 갑질을 경험했다. 줄 돈은 버틸 수 있을 때까지 버티고, 받아야 할 돈은 인정사정없는 독촉으로 받아내야 하는 욕받이 역할도 모두 내 몫이었다. 피해야 할 사람의 전화는 요령껏 따돌려야 하고, 사무실에 불청객이 찾아와 버티면 숨 막히는 시간을 오롯이 견뎌야 했다. 그래도 버텼다. 물러설 생각도 없고, 물러설 수도 없기 때문이다. 하지만 꿈과 현실의 괴리는 희망으로 극복할 수 있는 것이 아니었다. 이울어가던 나를 외삼촌이 보다못해 '안양'으로 이끌었다. 낯선 역에 내려놓고 철커덕 소리와 함께 멀어지는 전철의 꼬리 끝으로 어두운 하늘이 내려와 음울한 나를 말 없이 품어주었다. 내가 살게 될 곳임을 깨달았다. 운 좋게 안정된 새 직장을 찾았고, 그곳에서 기다렸다는 듯이 내 어깨를 툭 치며 다가온 그녀가 바로 '조 여사'다.

언제부터인가 그녀는 '조 여사'라 불렸다. 좋은 이름이 버젓이 있는데 모두 '조 여사'라 불렀고, 그녀는 기꺼이 받아들였다. 부를수록 본래 이름보다 찰떡처럼 잘 어울리는 호칭이다. 넉넉한 체격에 소탈하고 너그러운 그녀는 주변 사람들과 잘 어울렸다. 주도적이거나 줏대가 없는 사람도 아닌데 어느 자리든 그녀가 있었다. 멋을 부리는 것과는 거리가 멀어도 언제나 풀 먹인 옷처럼 말끔하게 다려진 옷을 입었다. 그녀의 어머니는 이미 성인이 된 딸의 옷가지를 날마다 세탁하고 다림질하기를 소홀히 하지 않았다. 일찍 아버지를 여읜 딸의 마음을 어루만지며 인생이 굴곡 없이 흘러가기를 간절히 기도했을 것이다. 그렇게 받고만 자란 그녀와 주기만 해야 하는 처지의 내가 어쩌다 친구가 되었다.

우리는 서로를 이해하지 못해 삐거덕거리면서도 화해와 용서를 거듭하며 가까워졌다. 단순하고 자유로우며 솔직한 그녀, 꼼꼼하고 정확한 것을 좋아하는 나는 부딪칠 수밖에 없었다. 책임의 구속으로부터 자유로운 그녀를 끝없이 부러워하고 질투했다. 스스로 가두고 억누르며 어디에도 동화되지 못하고, 다른 어딘가에 진짜 내 삶이 있다고 믿었다. 꿈이 멀어질수록 구경꾼처럼 살아갔다. 낯선 내가 떠들고 웃으며 살아가는 동안, 숨은 나는 아무도 없는 곳에서만 내 이야기를 했다. 독한 표정으로 무장해도 뼈도 마음도 아직 무른 나이였다. 그녀의 눈물을 외면하고 미련 없이 귀향을 선택했을 때, 텅 비어버린 내 마음처럼 그녀와의 인연도 공백으로 남게 될 것을 전혀 의심치 않았다. 배신은 그녀가 아니라 내 기대와 자존심이 스스로 낸 상처임을 세월이 한참 흐른 뒤에서야 깨닫게 되었다.

돌아간 집은 여전했다. 대학생부터 초등학생까지 동생 일곱이 전부 학생이었다. 농사를 짓고, 먹이고, 입히고, 가르치느라 형편은 제자리걸음이고, 달라진 것은 더 늙고 지쳐있는 부모님의 얼굴뿐이었다. 벗어날 수 없을 것 같아 끔찍했다. 안양에서 중매로 만났던 남자와 도망치듯 결혼하고, 그렇게 되돌아온 안양에서 '조 여사'와 재회했다.

여전히 '조 여사'는 자유로운 영혼이고, 나는 굴레를 쓴 나귀였다. 누추한 집을 찾아와 소찬에 밥을 나누어 먹고, 가끔 묵고 돌아갔다. 운명이었을까? 자주 찾아오던 그녀는 이웃의 중매로 결혼하고, 나와 한 동네에서 살게 되었다. 결혼 후, '조 여사'의 삶은 점점 나와 닮아 갔다. 자신을 위한 시간은 사라져가고, 남편과 아이들을 위한 시간은 점점 많아졌다. 그녀가 행복해 보여도 마음이 편치 않았다. 고비 때마다 나로 인해 불시착하게 된 것은 아닐까 자꾸만 겁이 났다. 나무꾼에게 선녀의 날개옷을 감추게 한 사슴처럼 그녀의 더 좋은 기회를 훔친 것 같아 마음 졸이며, 그 시절처럼 자유로운 영혼으로 살아가기만을 바랐다. 그렇게 우리는 서로를 안쓰러워하면서 힘을 보태고 나누며 살았다.

불행은 참 많은 변화를 가져온다. 병실을 찾아와 발끝에 우두커니 앉아있는 '조 여사'의 복잡한 얼굴을 보면서 외로움을 밀어냈다. 무슨 말이 필요할까. 가만히 들여다보고 있어도 간절한 마음이 읽히고,

그 마음이 힘이 되고 약이 되는 것을. 나는 세상의 끝에서 소중한 친구를 찾았고, 그 힘으로 다시 살아났다. 그러나 끝이 아니었다. 건강을 회복하면서 조금씩 악몽에서 벗어날 즈음, '조 여사'가 병이 났다. "나, 암이래" 울먹이는 그녀의 목소리는 메아리가 되어 가슴을 파고들었다. 경험은 무섭다. 그녀가 겪게 될 고통이 어떤 것인지 알고 있기에 어떤 위로도 할 수 없었다. 앓는 것조차 나란히 겪게 될 줄은 꿈에도 몰랐다. 도대체 '조 여사'와 나는 어떤 인연으로 이어진 것일까. 시간은 흐르고, 좋은 일도, 나쁜 일도 과거로 흘러갔다. 그녀도 건강을 되찾았다. 불행이 다 가져간 것 같아도 남겨준 것이 있다. 우리는 영영 놓치고 살았을지도 모르는 것을 찾았다. 작지만 소소한 행복이다.

우리는 여행을 시작했다. 매월 조금씩 여행경비를 저축하고 새해맞이 해외여행을 다녔다. '코로나 19' 확산으로 2년째 나가지 못하고 있지만 빗장이 풀리면 바로 떠날 계획이다. 주말마다 산을 찾는다. 대장은 슬그머니 남편이 차지했다. 정상에서 맞는 상쾌한 바람, 발아래 펼쳐지는 세상을 내려다보면 답답했던 숨통이 시원하게 트인다. 준비해 간 도시락과 커피, 과일을 펼쳐놓으면 부족한 것 없는 넉넉한 자리가 된다. 덤벙대는 대장 때문에 길을 잃어 계곡을 헤맬 때, 길을 찾느라 정신없는 남편 대신, 뒤돌아보고, 기다려주는 조 여사가 있어 험한 산골짜기도 두렵지 않다. 힘들 때 한걸음에 내달려 꼭 마주 잡았던 손, 그녀와 삶을 교류하며 살아갈 수 있어 고맙고 행복하다.

언젠가 산이 되어버릴 그날이 오면 내가 앞서가서 뒤를 살펴주고 싶은 친구 조 여사. 등 뒤로 느껴지는 그녀의 따뜻한 시선이 길을 밝혀 어슴푸레 보이는 길을 홀로 가도 두렵지 않을 것이다. 저항 없이 받아들일 준비를 하며 서로의 그림자가 되어 함께 가고 싶다.

정신이 깜박거리는 것은 살아온 세월을 다 기억하지 말라는 것이니,
지나온 세월을 다 기억하면 정신이 돌아버릴 테니,
좋은 기억, 아름다운 추억만 기억하라는 것이리라. (정약용의 詩 - 老年有情)

항아리 속 바다에 꽃잎 배를 띄우고

엉성하고 야무진

비가 지나갔다. 비를 따라온 봄볕이 따스하게 퍼지며 땅을 깨우자 기다렸다는 듯 잡풀이 쑥쑥 올라온다. 푸릇해진 화단의 잡풀을 정리하고 피어오르는 봄의 향기를 심는다. 진입로 양쪽으로는 원기둥 모양의 부직포 화분이 늘어섰다. 가벼우며 물 빠짐이 좋고 통기성도 좋은 신형 화분이다.

질 좋은 거름흙까지 넉넉히 채운 지름 60cm의 원형 텃밭을 선착순으로 분양한다는 메시지가 뜨자 신청자가 몰려들었다. 운 좋게 순위 안에 든 사람은 화분의 번호가 적힌 팻말을 받았다. 토지 분양권인 셈이다. 팻말에 또박또박 이름을 적어 화분에 꽂으면 일 년 동안 작은 농지의 주인이 되는 것이다. 하지만 나는 신청하지 않았다. 성에 차지 않아서다. 적어도 다섯 평은 되어야지….

농업기술센터에서 분양하는 주말농장을 신청했다가 추첨에서 미끄러졌다. '안타깝지만'으로 시작되는 짧고 건조한 문자가 날아오자 우리는 허탈함에 한동안 말을 잇지 못했다. 주말농장 부지를 찾아가 둘러보면서 제일 양지바른 쪽을 점찍어 놓고 무엇을 심을까 구상해 보는 즐거움은 싱겁게 막을 내렸다. 운 좋게 당첨된 사람들의 물뿌리개가 이름표를 달고 보란 듯이 울타리에 주렁주렁 매달려 있는 것을 보니 배가 살살 아프다. 참으로 어이없는 일이다. 원래 없던 땅인데 있던 땅을 빼앗긴 것처럼 속이 쓰리다. 송알송알 이슬이 묻은 푸성귀 밥상은 다시 멀어졌다. 혹자는 시장에 가면 싱싱한 채소가 넘쳐나는데 왜 사서 고생하냐고 하지만 그것은 모르고 하는 소리다. 우선 가벼운 노동에서 얻는 즐거움은 푸릇해서 시들지 않는다. 또한 내 손으로 뿌리고 가꾸고 거두는 일련의 과정을 통해 얻는 맛은 어떤 것으로도 흉내 낼 수 없다. 날마다 찾아가 물을 주고 풀을 뽑아준 후, 말끔한 텃밭의 싱그러운 얼굴을 보는 즐거움. 흙먼지를 뒤집어쓴 채 막 뜯은 채소를 품에 안고 달려가 한 움큼의 정을 나누는 기쁨. 그것은 결코 가벼운 것이 아니다. 정성과 사랑이 들어간 나눔이기 때문이다. 다섯 평의 땅으로도 나는 이 많은 행복을 누릴 수 있었다. 하지만 운수 나쁜 내 팻말은 어디에도 설 자리가 없다.

진입로 부직포 텃밭은 모델하우스처럼 A형, B형 방향만 다를 뿐 구성이 똑같다. 고추 둘에 상추 둘. 거름이 좋은지 날마다 쑥쑥 잘도 자란다. 하지만 자세히 들여다보면 차이가 보인다. 똑같은 조건임에도 어떤 것은 줄기가 탄탄하고 잎도 싱싱한데 어떤 것은 시들부들하다. 모종이 문제인지 주인의 손길이 부족한 것인지 이유는 알 수 없다. 며칠 북적거리더니 모르쇠로 나오는 주인이 늘어간다. 자연스레 물주기 당번이 생겼다. 날마다 제일 먼저 출근하는 사람이다. 긴 호스의 끝을 살짝 눌러 멀리 뻗어가는 물줄기를 바라보는 그 얼굴에 싱그러움이 묻어난다. 그로 인해 새 아침은 더 푸르게 빛이 난다.

드디어 나에게도 밭이 생겼다. 볕이 잘 드는 화단에 강낭콩을 키우겠다고 했더니 H가 마른 흙을 삽으로 갈아엎고 거름 한 포를 남김없이 섞어 남부럽지 않은 기름진 밭을 만들어 주었다. 줄다리기 밧줄로 친 울타리 표식은 서비스란다. 내 전용 호미도 생겼다. P의 선물이다. 삼각형의 날렵한 날과 완만한 곡선으로 이어지는 긴 목이 은빛으로 빛나는 은 호미다. 맵시가 나고 가벼워 마음에 쏙 든다.

이제 본격적인 농사의 시작이다. 질긴 뿌리와 씨름하며 잡초를 걷어내어 한곳에 모았다. 처음엔 한 평 남짓이던 밭을 야금야금 호미로 넓히다 보니 두 평이 되었다. 고민 끝에 내 이름을 적은 팻말은 세우지 않기로 했다. 도움을 준 사람들에게 도리가 아닌 것 같아서다. 흙을 쌓아 두둑을 만들고 물이 잘 빠지도록 고랑을 파 세 줄의 이랑을 만들었다. 두둑에 호미로 작은 구덩이를 판 후 곧게 서는 왜성형 붉은 강낭콩을 세 알씩 심었다. 그리고 자투리땅에 상추와 부추 씨앗도 뿌리고 시원한 물을 듬뿍 분무하는 것으로 첫날의 노동을 마무리했다. 두 평의 밭은 흡족한 얼굴로 고개를 끄덕인다. 대풍이 보인다.

기다림은 괴롭다. 일주일을 기다려도 싹이 틀 기미가 보이지 않자 씨앗에 대한 의심이 먼저 싹텄다. 흙을 호미로 들춰보려다 그냥 돌아오기를 여러 날. 주말을 보내고 서둘러 달려간 밭에 강낭콩 떡잎이 쏘옥 고개를 내밀었다. 세 줄의 이랑에 한 뼘 간격으로 심은 씨앗이 앞다퉈 모두 고개를 내밀더니 하루가 다르게 키가 자라고 잎이 자라 작은 밭은 초록이 가득해졌다. 오늘 아침 키를 재 보니 34cm다. 꽃망울도 두어 개 맺혔다. 강낭콩이 쓰러지지 않도록 기둥을 세우고 줄로 단단히 묶어주어야 할 때가 온 것이다. 끝이 뾰족한 어묵 꼬챙이를 사이에 세우고 나일론 줄로 단단하게 묶었다. 이제 산들바람에 잎이 하늘거려도 줄기는 흔들림 없이 서 있다. 다시 기다려야 한다. 꽃이 피고

지고 꼬투리가 생겨 여물어가는 동안 목이 마르지 않도록 시원한 물로 축여 주면서.

　자투리땅이 아까워 상추와 부추 씨를 뿌리는데 난데없는 새들이 몰려들었다. 훠이훠이 쫓아내고 도깨비마트에서 산 씨앗을 그 작은 밭에 다 뿌렸다. 하지만 아무리 기다려도 싹은 돋보기로 찾아야 할 만큼 듬성듬성하게 돋는다. 내가 없는 사이 새들이 다시 날아와 씨앗을 전부 주워 먹은 것은 아닐까. 새를 향한 의심의 싹은 금세 잘도 튼다. '어린싹이 무성해지면 솎아서 참기름과 고추장을 넣고 맛나게 밥을 비벼 먹어야지' 꿈이 너무 야무졌나 보다. 강낭콩 옆에 뾰족뾰족 돋아나는 것은 상추랑 부추랑 전혀 닮지 않았다. 아무리 들여다봐도 잡초다. 주인이 없으니 객이 주인 행세하는 꼴이다. 올여름에는 상추쌈과 부추전을 실컷 먹게 해주겠다고 큰소리쳤는데….

　강낭콩밭은 나의 자랑거리다. 우쭐해 있는 나에게 밭 한 평도 없는 사람이 다가오더니 괜한 참견을 보탠다. "저기 빈 자리에 뭐라도 심지 그래?" 다시 마음이 급해진다. 월요일 아침은 두 평의 밭이 온통 푸르러지는 마법을 보여 줄 테다.

항아리 속 바다에 꽃잎 배를 띄우고

커피는 기다림이다

투명한 유리벽 너머에 그가 있다. 그와 연결된 공간은 겨우 손 하나 드나들 만큼 작은 창구가 전부다. 짧은 사연과 신청곡을 적은 메모를 수줍게 올려놓는다. 모른척하던 그는 신기하게도 신청곡을 틀어줄 때마다 나를 정확하게 찾아 미소를 짓는다. 동굴처럼 깊은 저음으로 사연을 읽어주고, 짧은 위로, 혹은 인사를 건넨다. 이어 신청곡이 잔잔히 흐른다. 에코에 얹은 음악은 가볍게 유리 벽을 넘어 가슴으로 스며든다. 정작 그는 자신이 주도하고 있는 유리 벽 밖의 세상엔 관심이 없는 듯하다. 느릿하고 나른하면서도 쉼 없는 움직임을 반복하면서 자신만의 세계에 빠져있다. 배곡히 꽂혀있는 LP판을 하나씩 꺼내어 '후' 불어주고 고운 천으로 연신 닦아내며.

DJ를 향한 풋사랑에서 헤어나지 못하던 그때, 나는 갓 스물이었다. 매일 그를 바라보며 마시던 다방의 커피는 풋사랑만큼 중독성이 강했다. 은은하게 퍼지는 달콤한 향과 적당히 쓴맛은 가시지 않는 갈증이 되었다. 커피에 살포시 적셔서 먹던 과자 '에*스'를 아는가. 고소하면서도 짭조름한 맛은 믹스커피와 기막히게 잘 어울렸다. 심심해서 먹고 출출해서 먹고 맛있어서 먹고. DJ를 향한 풋사랑이 커피를 알게 했다면, 에*스는 믹스커피 중독을 불러왔다. 믹스의 힘이었을까. 단맛이 전부였다면 그렇게 오래 내 입맛을 사로잡진 못했을 것이다. 그 시절에 좋아하던 음식이 그러하듯 커피도 본연의 맛보다 자극적인 단맛이 섞인 커피가 더 좋았다.

풋사랑의 끝은 첫사랑의 시작으로 싱겁게 자리를 내어주고 기억 저편으로 사라졌다. 나의 갓 스물은 음악다방의 DJ와 커피, 그리고 첫사랑의 시작으로 가쁘게 흘러갔다.

지금의 나는 믹스커피를 즐기지 않는다. 병치레를 호되게 한 후, 입맛이 변했기 때문이다. 달콤한 맛과 향은 질린다. 본연의 맛과 향을 느낄 수 있는 커피를 선호한다. 너무 진하지 않은 핸드드립커피로 향과 맛과 개운함을 즐긴다. 우리 집의 유일한 사치품은 커피머신이다. 딸의 성화에 못 이겨 얼마 전 새로 들여놓은 그것은 다양한 커피를 기호대로 척척 뽑아낸다. 하지만 나는 여전히 핸드드립커피가 좋다. 원두를 갈면서 채워지는 고소한 향, 주둥이가 긴 작은 주전자로 물을 조금씩 부어 감질나게 떨어지는 커피를 기다리는 것도 놓칠 수 없는 즐거움이다. 커피 한 잔을 내려놓고 기다린다. 식어가는 커피잔의 주인은 때맞춰 나타날까. 아니어도 그만이다. 향은 충분히 오래 남아 나눌 수 있기 때문이다. 커피는 기다림이다.

호박이 넝쿨째 굴러들어 오면

백로(白露)가 지났으니 가을은 이미 문턱을 넘었다. 노을이 물든 들길에서 서늘해진 바람을 맞는다. 수분이 말라가며 풍기는 알싸한 가을의 향기가 저물어가는 들판을 맴돈다. 짧아진 해가 긴 꼬리를 감아 숨을 때까지 고부라진 허리를 펴지 못하는 것은 사람도 곡식도 마찬가지다. 따사로운 햇살, 부드러운 바람이 곧 떠나갈 것을 알기 때문이다. 하루가 다르게 노랗게 익어가는 벼는, 가는 목을 주체하기가 점점 힘에 부친다. 비스듬히 선 허수아비는 쉴 새 없이 지친 팔을 휘저어도 새 떼를 쫓기엔 역부족이다. 지나가다 훠이훠이 소리를 보태어 본다. 농부의 속은 쓰리겠지만 어쩌겠는가. 새도 먹어야 사는 것을.

볕이 가장 좋은 마당 한가운데는 고추며 콩대가 누워 몸을 말리고, 구석진 자리와 지붕은 무말랭이와 호박, 가지를 널은 채반이 자리한다. 처마 밑에서는 무시래기와 옥수수, 수수가 매달려 그네를 탄다. 마음만 급할 뿐 한낮의 볕은 힘을 잃고 그나마 선선한 바람이 지나가며 더디게 물기를 걷어 낸다. 깜빡하고 거두지 못한 채반은 찬 이슬에 젖은 몸을 은은한 달빛에 말린다. 생각날 때마다 뒤집어 주기를 여러 번, 기다림 끝에 호박은 노르스름하던 얼굴이 뽀얗게 변한 호박오가리가 되었다. 바람과 햇볕의 합작품이다. 바짝 마른 호박오가리와 가지, 무말랭이는 구멍이 송송 뚫린 자루에 담겨 처마에 나란히 걸린다.

호박꽃이 떨어진 후, 어린 호박에 비닐봉지를 씌워 재배하는 인큐베이터 애호박이 인기가 많지만, 나는 못생긴 조선호박을 더 좋아한다. 호박은 열매는 물론 씨앗과 잎, 줄기까지 하나도 버릴 게 없다. 씨앗은 늙은 호박을 가르고 속을 긁어내는 과정에서 얻는다. 매끈하고 통통한 것을 골라 바짝 말려두었다가 심심풀이 간식으로 먹기도 하고, 기름을 짜거나 이듬해 호박 농사를 위한 종자로 쓰기도 한다. 어린잎은 줄기부터 잎까지 얇은 막을 벗겨내어 찌면 부드러운 쌈 재료가 된다. 또한, 호박잎을 박박 주물러 풋내를 빼고, 쌀뜨물에 된장을 풀어 매운 고추를 듬뿍 넣고 끓여낸 된장찌개도 맛이 일품이다. 호박꽃 튀김은 달콤하고 부드러운 맛에 영양 만점의 건강 간식이고, 늙은 호박은 죽을 끓이거나 말려서 떡 재료로 쓰기도 한다.

호박오가리는 애호박을 통으로 얇게 썰어 햇빛에 말린 것이다. 부침, 볶음, 나물, 탕 등 조리법이 다양하다. 미지근한 물에 호박오가리를 불려 끓는 물에 살짝 데친 후, 마늘, 파, 조선간장, 들기름을 넣고 조물조물해서 볶아 낸 것이 호박오가리 나물이다. 애호박볶음과 다른 쫄깃한 식감과 한층 더 깊은 풍미를 느낄 수 있다. 참기름과 들기름은 감칠맛과 고소한 맛을 내는 한식에서 빠질 수 없는 양념이지만 향과 맛이 다르고 용도 또한 다르다. 어머니는 구분을 어려워하는 나에게 무침은 참기름, 볶음은 들기름이라고 공식처럼 알려주었다.

짐너물은 호박오가리, 무말랭이, 머위대, 두부, 버섯 등 다양한 식재료를 넣어 끓이는 들깨탕을 말한다. 어머니가 끓여주던 호박오가리와 무말랭이가 들어간 짐너물은 지금도 내가 가장 좋아하는 보양 음식이다. 무말랭이는 말캉한 호박과 다른 씹는 맛이 있다. 영양소 또한 풍부해서 겨우내 주요 찬거리로 쓰인다. 호박오가리와 무말랭이 대신 버섯이나, 토란을 넣은 짐너물을 좋아하는 사람도 많다. 하지만, 나는 아직 부드러운 맛보다 씹는 맛이 더 좋다. 질긴 맛을 즐길 수 있을 때 더 즐길 생각이다. 조리법은 호박오가리 나물과 시작이 비슷하다. 데친 호박오가리와 무말랭이는 조선간장과 들기름을 넣고 조물조물 무쳐서 볶는다. 들깨와 불린 찹쌀을 10:3의 비율로 섞어 물을 넣고 곱게 갈아 체에 거른다. 거친 맛을 좋아하는 사람은 거르는 과정을 생략해도 된다. 볶아놓은 호박오가리와 무말랭이에 들깨와 불린 쌀을 갈아 거른 물을 붓고 끓이다가 말린 홍새우와 다진 마늘, 채 썬 파와 붉은 고추를 넣어 마무리한다. 말린 홍합을 추가하기도 한다. 짐너물은 죽처럼 걸쭉해야 더 맛이 난다. 말린 홍새우 대신 소고기를 넣기도 하지만, 달큼한 맛이 나는 마른 홍새우가 들깨와 더 잘 어울리고 감칠맛이 난다. 나는 말린 새우와 멸치만 보면 환장한다. 소고기보다 더 좋다. 입맛도 주머니 사정을 따라가는 모양이다. 간은 조선간장과 소금으로 맞추는데, 조리 과정 끝에 간을 맞추는 것이 좋다.

　호박은 정말 소중한 음식 재료다. 흔히 못생긴 사람을 호박 같다고 놀리지만, 호박이 넝쿨째 굴러들어 온다는 말도 있다. 뜻밖의 행운을 만났을 때 하는 말이다. 복을 가져다주는 호박이며, 버릴 것이 하나도 없는 호박이다. 구절초가 서늘한 바람에 휘적이고, 상강(霜降)의 찬 서리가 돌담에 앉아 반짝일 때, 넋 놓고 높아진 하늘만 바라보다가는 큰코다친다. 월동 준비를 서둘러야 한다. 매서운 겨울바람을 견뎌낼 수 있도록 두툼한 지방을 저장해야지. 호박오가리를 주섬주섬 꺼내어

구수하고 걸쭉한 짐너물을 끓여 헛헛해진 속을 가득 채워야지….

청명한 가을 하늘이다. 뜨겁게 내리쬐는 햇살이 거침없이 들이치는
베란다에서 도마를 펴놓고 퍼질러 앉아 호박을 자른다. 싹둑싹둑.

항아리 속 바다에 꽃잎 배를 띄우고

페르소나

　심호흡. 닫힌 문을 힘차게 밀고 들어선다. 쏟아지는 시선을 향해 건네는 인사가 제법 호기롭다. 눈웃음과 미소는 자연스럽다. 낯선 사람들 속에서 편안한 얼굴의 나를 본다. 활기차고 유쾌한 모습이다. 때로는 재치있게 분위기를 주도한다. 하지만 웃음이 터질 때마다 불안이 스멀거린다. 어디가 끝인지 나도 모르기 때문이다. 뜻하지 않은 호감은 불편하기만 하다. 정작 호감의 주인은 곧 시치미를 떼고 숨어버릴 테니까. 어쨌든 연극은 곧 끝난다. 그들의 연극도 앞다퉈 막을 내린다. 습관처럼 그려진 미소가 지워지고 쏠리던 관심은 제자리를 찾아가 반듯하게 펴진다. 첫 대면의 설렘과 긴장은 곧 권태에 잠길 것이다. 술렁이던 공기는 슬그머니 가라앉고 어색한 침묵이 지나간 자리에 각자의 욕망만이 꿈틀대며 부딪친다. 새로운 인연의 시작은 언제나 그렇듯 또 다른 페르소나의 탄생과 함께한다.

　요즘 배움의 호사를 누리며 산다. 잘할 수 있는 것이 아닌, 하고 싶은 것을 찾아 배운다. 호기롭게 도전해 보지만 곧 벽에 부딪힌다. 어디에나 탁월한 재능을 가진 사람은 넘친다. 나는 뒤따르기도 벅찬 열

등생을 벗어나지 못한다. 끈기와 열정조차 뒤처진다. 하지만 내 안의 즐거움은 열등감을 누르고 우위에 있다. 경쟁을 위한 시간이 아니라고 스스로 다독인다. 남은 시간마저 지는 싸움에 쓰고 싶지 않다. 평가는 큰 의미가 없다. 진정으로 즐기고 있는가를 묻고 또 묻는다. 잘난 사람에 대한 시기도 참을만하고, 어렵지 않게 감출 수 있다. 적당한 찬사로 상대의 기분을 맞추는 아량도 생겼다. 어쩌다 터무니없는 칭찬을 듣기도 하지만 좋게 듣고 바로 흘린다. 이 나이가 되고 보니 다른 것은 몰라도 나의 한계는 뚜렷한 선으로 나타난다. 잘하지 못해도 부끄러워하지 않고, 피하지 않는 나를 본다. 그러나 지독한 긴장과 떨림은 감출 수가 없다. 그동안 연기했던 강심장은 무참히 벗겨지고 쪼그라든 새가슴이 애처롭게 헐떡인다. 하지만 무슨 상관이란 말인가. 새가슴인 본래의 나를 소환하면 그만이지.

유쾌한 언니가 등장한다. 나의 어리숙함은 그들을 웃게 한다. "이제 차라도 한잔할까요?"란 말에 기다렸다는 듯 벌떡 일어나 "그럼 지금부터 차 마시는 시간인가요?"를 외치자 모두가 웃는다. 어리둥절해 있는 나에게 '차라도 한잔'은 다음 연습곡이라고 누군가 알려준다. 속없이 따라 웃다가 지금은 쉬어갈 때라고 넌지시 이끈다. 고맙게도 차 마시는 시간이 이어지면서 민망함을 금세 벗어난다. 이처럼 의식을 놓고 있는 나는 주변에서 일어나는 일조차 제대로 이해할 수 없다. 하지만, 긴장을 풀고 편안하게 녹아드는 모습에서 나이 듦이 주는 성장을 발견한다. 언뜻 대추 알 만한 자아를 본듯하다. 낯선 사람들 속에 자연스럽게 녹아드는 유쾌한 언니는 과연 '나'일까?

내 바람과 자꾸만 엇갈리는 세상에서 어쩌다 보니 어른이 되었다. 누군가 힘이 되어줄 것이라는 기대가 허물어지고, 가능하리라 믿었던 작은 꿈마저 모두 떠나보낸 후, 어정쩡한 어른 흉내를 내는 허깨비가 되었다. 잘 알지 못하면서 마치 다 알고 있는 듯 고개만 주억거리며 사람 좋은 미소로 호응한다. 어느 곳에서나 적절해 보이는 모습을 그린다. 머릿속은 생각이 들끓고 제멋대로 뒤엉켜도 곧 잠잠해지기를 혹은, 한쪽의 승리로 기울기를 기다릴 뿐 중심에서 벗어나 주변에 머무는 것이 익숙하다. 관계 중심적인 사고는 맞춤옷처럼 들러붙어 내 정신을 지배한다. 내 삶에서 단절되고 밀려나는 느낌에 화들짝 정신을 차려보지만 불편한 관계는 늘 피하고만 싶다. 간장 종지가 커다란 물항아리를 자꾸만 흉내 낸다. 불만이 터질 듯 부풀어도 감추고 사람 좋은 척은 다 한다. 마지못해 양보를 거듭하다 보면 무조건 따르는 사람이 되어 있다. 심지어 내 도움이 필요치 않은 상황임에도 모른척하면 죄의식을 느낀다.

사회적 관계에서는 소통을 앞세우고 위선과 가식이 함께하며 교양이라고 포장한다. 내가 원하는 것보다 나를 얼마나 원하는지에 따라 내 가치를 결정한다. 사람들의 관심 속에 서고 싶은 욕심은 어디서 시작되었을까? 언제부터 나 자신을 대단하다고 여기기 시작했을까? 헛된 기다림으로 내가 꿈꾸는 삶의 가치는 점점 줄어간다. 숨 쉬는 모든 것들은 본연의 모습으로 생긴 그대로 살아가는 것이 세상의 이치다. 남의 길을 걸어왔더라도 이제는 나의 길에 서야 할 때다.

기로에 서 있다. 홀로 떠날 수도, 남겨질 수도 있다. 확신이 없는 선택은 의심만 뭉클거리며 뻗어나간다. 군더더기를 하나씩 지워보려 한다. 아무리 개연성이 낮더라도 끝까지 남는 것, 그것이 바로 최선일 것이다. 내 뒤꿈치를 따라오는 허물, 다친 양심에 대한 죄책감도 지울 수 없는 나의 흔적이다. 후회 속에서도 스스로 용서할 수 있는 마음이 필요하다. 그 어떤 감정도 영원한 것은 없다. 육신이 이승을 넘지 못하는 것처럼 관계의 사슬도 맺은 범위를 넘지 못한다. 이제 본연의 나를 드러내며 편한 숨을 쉬고 싶다. 6월의 뜨거운 햇살 아래 두려움을 펼쳐 널었다. 물기가 날아가고 고슬고슬한 몸이 두둥실 떠오른다. 줄이 팽팽해질수록 두려움은 다시 자란다. 콩닥거리는 새가슴을 지그시 누르며 나아간다. 원하는 것을 얻기 위한 도전이다. 지금은 모든 허울을 벗어버리고 진정 나의 길을 가야 할 때.

항아리 속 바다에 꽃잎 배를 띄우고

봄꽃 향기를 타고 온 이웃

우리 집은 30년을 넘긴 아주 오래된 아파트다. 2,222세대가 한 울타리 안에서 살아간다. 차도 사람도 넘치다 보니 크고 작은 분쟁이 끊임없이 일어난다. 다행히 우리 라인은 별난 사람이 없어 조용한 편이다. 하지만 30가구 속에서 10년째 살고 있어도 아직 가까운 이웃이 없다. 엘리베이터 안에서 마주치는 이웃은 늘 낯설고 어색하다. 층을 누르지 않고 서로 벽만 보고 서 있다가 뒤늦게 깨닫고 겸연쩍은 웃음을 나누기도 한다. 아래층 부부는 예쁘고 멋쟁이다. 위층은 평범한 중년 부부다. 우리 부부는 이도 저도 아니다. 서로 다른 우리지만 단 한 번의 갈등도 없이 평온하게 살아간다.

누수로 인해 위아래층에 사는 이웃의 얼굴을 가까이 보게 되었다. 시작은 위층에서부터다. 우리 집 베란다에 물이 떨어지기 시작하더니 마침 장마 때라 졸졸 흐를 정도로 심해졌다. 한밤중에 비질 소리를 듣고 잠에서 깼다. 다음 날 우리 집의 피해를 막기 위해 밤새워 물을 쓸어냈다는 위층 여자의 이야기를 듣고 깜짝 놀랐다. 며칠의 불편함을 더 견딘 끝에 다행히 공사가 진행되었고 누수는 곧 해결되었다. 위층의 마음 씀이 고마워서 피해 보상은 사양했다. 다시 문제가 생겼다. 이번에는 우리 집이다. 작은 방의 온수관이 파열되어 아래층 현관으로 물이 샌 것이다. 물이 똑똑 떨어져 벽지를 적셨다. 아래층의 피해를 막기 위해 바로 공사를 진행했다. 공사를 마무리한 후 얼마의 보상이 필요한지 물었다. 하지만 현관 입구의 벽지가 젖었음에도 오래된 집에서 그 정도는 감수해야 한다며 한사코 보상을 사양했다. 고마운 마음으로 마침 크리스마스 즈음이어서 작은 선물을 보냈다.

초인종이 울려 나가보니 아래층 여자가 서 있다. 깜짝 놀라 또 물이 새냐고 물었더니 배시시 웃으며 고개를 젓는다. 오이가 너무 싱싱해서 몇 개 가져왔다고 봉투를 슬그머니 내민다. 순간 오래전 내 이웃사촌이 떠오른다. 오이가 나를 눈물짓게 하다니. 냉동고에서 아껴먹는 쑥떡 봉지를 꺼냈다. 한 봉지를 들려 보내고 나니 마음이 훈훈해진다. 드디어 정을 나누는 내 이웃이 생겼다. 아직은 10촌이다. 10년 만에 10촌의 이웃이 생긴 것이다. 왜 아니 기쁠까. 봄꽃 향기를 타고 이웃이 불쑥 다가왔다.

항아리 속 바다에 꽃잎 배를 띄우고

삶은 숭고하다

인간극장은 내가 즐겨보는 TV 프로그램이다. 다양한 무늬를 품은 인생의 결을 그대로 밀착 취재하여 담은 순한 맛의 다큐멘터리다. 소소한 이야기가 때로 더 진한 울림으로 다가온다. 그들과 다른 듯 닮아 있는 나를 발견하게 되는 것이다. 인간이 인간다워야 하는 이유, 인간이란 존재의 근원적인 아름다움을 생각하게 된다. 하지만 방송 시간은 출근 시간과 겹쳐 매회 끝까지 시청하긴 어렵다. 다행히 요즘은 세상이 좋아져서 온라인 스트리밍 서비스를 통해 언제든지 마저 볼 수 있다.

이번 주는 '홍원기'라는 한 왕자의 이야기가 방영 중이다. 성인이 되었으니 '홍원기 씨'라고 불러야 할까, '스무 살이 된 어린 왕자님'이라고 불러야 할까. 그를 직접 만나게 될 우연은 멀어 보이지만 그의 마음에 드는 이름으로 신중하게 고르고 싶다.

원기는 '소아 조로증'을 앓고 있다. 평균 기대 수명은 고작 16세. 이 질환은 선천적 장애 중 하나로 대부분 LMNA 유전자 이상으로 나타나는 질환이다. 전 세계 약 300명, 우리나라에서는 단 한 명, 원기뿐이다. 돌 무렵부터 증상이 시작되어 성장은 지연되고 노화가 빠르게 진행된다. 스무 살이 된 원기의 몸은 이제 여든의 시간을 살고 있다. 안타깝게도 아직은 완전한 치료법이 없다. 하지만 심혈관계 합병증의 위험을 감소시키는 약물로 생존 기간 연장에 효과를 거두고 있다고 한다.

10년 전 이 방송을 통해서 등장했던 열 살의 어린 왕자가 스무 살이 되어 다시 등장했다. 노화는 작고 여린 몸을 빠르게 잠식해간다. 실핏줄이 선명하게 보이는 노인의 얼굴에 설핏 소년이 보인다. 성장이 멈춘 흔적은 새긴 듯 또렷하다. 하지만 원기가 할 수 있는 일과 하고 싶은 일들이 유독 빠르게 흐르는 원기의 시간을 따라잡았다. 아니, 오히려 앞서 달려간다. 싹이 트고 잎이 자라는가 싶더니 꽃이 피고 열매가 익어간다. 노화는 조금 더디고 힘들게 할 뿐, 포기를 강요하지 않는다. 오히려 짧아지는 시간만큼 인내와 끈기를 보태고 겸허한 태도로 세상을 마주하는 지혜를 일깨운다.

-엄마가 술 먹어서 내가 약해진 건 아니야?

-아니야, 엄마 술 안 먹었어. 그때.

-엄마, 이상한 거 먹어서 내가 이상한 거 아니야?

-그건 모르겠어. 그럴 수도 있고 아닐 수도 있어. 원인은 잘 모른대.

-아냐, 내가 생각했어.

-그래, 상상은 자유인데, 의사 선생님들이 정말 연구를 많이 했는데 아직도 원인을 잘 모른대.

원기의 10년 전 의문은 다 풀렸을까. 지금은 물음표를 던지지 않는다. 앞서 내달리는 시간을 따라잡기에 여념이 없을 뿐. 원기의 하루는 활기차며 분주하다. 쉴 새 없이 움직이는 바지런함으로 의미 있는 시간을 바쁘게 쌓아간다. 글을 쓰고 책을 내고, 피아노를 연주하고, 노래하고 작곡하고, 마라톤에도 도전한다. 악보를 읽지 못하고 한음 한음 소리로 익힌 피아노 연주는 수준급이다. 그에게 피아노는 세상과 이어주는 끈이다. 마디가 툭툭 불거진 손가락이 건반 위를 미끄러지듯 움직이자 고운 선율을 따라 세상이 원기를 향해 다가온다.

마라톤은 불가능을 향한 도전이다. 5km의 레이스. 원기의 위대한 도전을 위해 온 가족이 한마음으로 한 몸이 되었다. 가족 모두 함께 달리며 지친 원기를 번갈아 업고 완주해냈다. 쪼그라든 근육으로 걷기도 힘든 다리, 자꾸 넘어지는 원기를 일으켜 세우고 다시 달리게 한 여동생의 응원이 보스턴 거리에 울려 퍼졌다.

－의지로는 오빠가 언제나 일등이야.

버스를 갈아타듯 운명을 갈아탈 수 있다면 얼마나 좋을까. 하지만 삶은 가혹하다. 혈연은 질기고 사랑은 끈적하다. 그들은 원기의 시간을 함께 채워 나간다. 사랑의 힘이다. 내일은 누구에게도 약속된 시간이 아니다. 나는 무엇을 기다리며 그토록 인색하게 살아왔을까. 사랑이라 착각했던 내 이기심이 초라하게 나뒹군다. '사랑이 어떻게 변하니' 외치던 어느 배우의 명대사가 떠오른다. 사랑이 변한 것이 아니라 사랑을 대하는 우리가 변한 것은 아닐까.

묵묵히 살아가는 사람들의 안정은 태산을 넘어와 자리한 것이다. 오늘을 꼭꼭 채우는 그들의 일상을 지켜보며 나는 삶의 의미를 생각한다. 살아가는 일의 숭고함에 대하여.

봄이 오는 길

　봄이 오는 길이다. 저기 저 산 아래를 휘감고 일렁이는 봄의 교태. 아이고, 세상이 어지럽다. 반쯤 감긴 눈으로 봄의 냄새를 들이키며 취해간다. 비릿하고 향긋하고 달콤하고 쌉쌀하고… 아직은 쌀쌀한 바람이 마른 볼을 할퀴고 머리를 마구 헝클어도 무슨 상관이랴. 제아무리 곱게 연지를 바르고 동백기름을 바른들 어디 봄 앞에 나설까. 벌써 봄은 바쁜 걸음이다. 뾰족뾰족 깨어나는 소리에 살갗이 간지럽다. 금세 터질 듯 부푼 꽃망울의 소리 없는 아우성. 이에 질세라 흐느적거리는 나의 봄노래가 언덕을 내달린다. 봄도 나도 불그레. 딱 막걸리 한 잔씩 걸쳤다.

항아리 속 바다에 꽃잎 배를 띄우고

기억과 삶의 조우, 내면의 바다를 향해하다

기억과 삶의 조우, 내면의 바다를 항해하다

강미애 | 수필가, 평론가

1. 들어가는 말

우리의 삶은 정해진 지도가 없다. 다만 흔들리는 물결 위에 선 존재일 뿐이다. 과거는 쉽게 지워지지 않는 그늘에 잠긴 기억으로 남아 현재를 규정한다. 그 기억의 무게는 때로 삶의 발걸음을 멈추게 하지만 멈춤은 곧 침잠이며, 인간은 본능적으로 앞으로 나아간다. 삶의 본질은 불확실성 속에서 끊임없이 중심을 잃지 않으려는 의지 그 자체다.

현재의 짐이 무거워질 때, 우리는 바람의 길을 따라 걷는 꿈을 꾼다. 방랑은 도피가 아니라, 자신으로부터 한 걸음 떨어져 나를 다시 바라보려는 해방의 행위다. 길 위의 시간은 목적지를 묻지 않으며, 새로운 시선과 자유의 감각을 선물한다. 그러나 모든 방랑의 끝은 다시 일상으로의 귀환이다. 삶의 의미는 낯선 곳이 아니라 익숙한 자리에서 새롭게 발견된다. 결국 우리는 기억의 침잠, 현재의 불확실성 그리고 일상의 귀환이라는 시간의 표정을 순환하며 자아를 탐색한다. 김명희 수필집『항아리 속 바다에 꽃잎 배를 띄우고』는 이 세 가지 표정을 통해 현재를 붙잡는 지혜를 보여준다.

그의 글은 거대한 서사를 좇지 않는다. 대신 일상의 틈새에서 피어오르는 미세한 감정의 결을 더듬으며, 존재의 진실을 포착한다. 그것은 한 사람의 내면이 세계와 만나는 순간의 떨림이며, 저자는 그 떨림을 잔잔한 문장으로 길어 올린다.『항아리 속 바다에 꽃잎 배를 띄우고』는 결국 '살아 있음'의 증언이다. 흔들리면서도 꺼지지 않는 등불처럼, 그의 글은 불완전한 인간 존재가 매 순간 자신을 새롭게 써 내려가는 과정임을 보여준다.

하이데거는 인간의 현실적 생존을 '현존재(現存在, Dasein)'로 규정하며, 존재의 의미는 '거주함(Wohnen)'에서 비롯된다고 했다. 김명희가 포착하는 일상의 틈새는 바로 이 '거주함의 감각'을 복원하는 자리다. 그것은 효율과 속도의 논리 속에서 잃어버린 머무름의 시간, 다시 말해 존재가 자기 자리를 느끼는 순간이다. 결국 일상의 틈새는 존재가 자신을 회복하고, 사물과 세계가 다시 말을 거는 자리다. 김명희의 수필은 그 틈에서 삶을 다시 발견하게 하는 일종의 '철학적 일기'로 읽힌다.

2. 시간의 속성과 기억의 해석

과거의 기억을 어떻게 해석하느냐는 현재의 삶을 바라보는 시선의 깊이와 방향을 결정짓는다. 기억은 객관적 사실이 아니라, 해석을 통해 새롭게 의미화되는 살아 있는 서사다. 어떤 이는 상처의 기억을 반복적인 고통으로만 받아들이지만, 다른 이는 그 기억을 성장의 흔적으로 재구성하며 자기 서사의 근원으로 삼는다. 기억을 피해 다니는 태도는 과거에 얽매인 현재를 낳지만, 기억을 성찰의 대상으로 마주하는 태도는 삶을 재해석할 수 있는 힘을 길러준다. 결국 과거의 기억을 어떻게 읽어내느냐에 따라, 우리는 피해자가 될 수도 서사를 다시 쓰는 주체가 될 수도 있다. 기억의 해석은 곧 삶의 태도를 결정하는 정신적 문장인 셈이다.

　나는 전생에 역적질만큼이나 큰 죄를 지었을 것이다. 의식이 생길 무렵부터 들러붙은 맏이 콤플렉스는 지독하게 나를 따라다니며 내 삶을 갉아먹었다. 병든 내 속을 모르고 아버지는 기회가 있을 때마다 맏이의 역할을 강요했다. 아버지의 오더는 끝이 없다. 때로 흘려듣고 때로 모른 척해도 집요하게 이어지는 주문에 지쳐만 간다. 하다 하다 얼굴도 모르는 조상님 산소 문제까지 등장하자 나는 폭발하고 말았다. 험한 말을 퍼부으며 그 말에 내가 먼저 흠씬 얻어맞아 정신이 아득해지면서도 터져버린 말을 멈출 수가 없었다. 흘러나오는 그것들은 오래된 냄새가 났다. 그때그때 치우지 못한 감정의 찌꺼기가 쌓여 내 속은 쓰레기통이 되어 버린 것이다. 쏟아놓고 나니 그제야 내가 보였다. 후회의 늪에 빠져 기진해 있는. 왜 나는 화가 나고 슬퍼도 죄책감이 드는 것일까.
- 「family」 중에서

　내면화된 죄의식(역적질만큼이나 큰 죄)과 외부적 요인(아버지의 오더)의 충돌. 맏이의 역할 강요로 인한 내면의 병든 상태를 직설적으로 표현하며, 억압된 감정이 폭발하는 과정을 생생하게 묘사하고 있다. 감정의 폭발 후 찾아오는 죄책감과 후회, 아버지의 강요와 반복되는 맏이의 역할은 사랑의 언어가 아니라 통제와 부담의 언어로 작동한다. 가

항아리 속 바다에 꽃잎 배를 띄우고

족이라는 울타리의 사랑이 곧 그늘이 될 수 있다는 역설이다.

　내 손을 꼭 쥐던 여린 손이 지금도 생생하다. 하지만 이제 움켜쥔 손을 놓아야 할 때가 왔구나. 건강한 어른이 되어 내 곁에 나란히 서 있는 너는 가장 소중하고 감사한 열매다. 내 맘 같지 않은 사람들 속에서 내 뜻대로 안 되는 세상을 살아간다는 것은 어쩌면 끝까지 고행이 될지도 모른다. 하지만 현실의 짐이 무거울지라도 끝까지 자신을 믿고 사랑해라. 자신을 사랑하지 못한 사람은 남에게 베풀 사랑도 없다. 알지 못하는 것을 어떻게 나눌 수 있겠니? 자신을 사랑하고 아끼고 성장시키며 살아가는 것이 바로 어른다운 어른, 건강한 어른으로 살아가는 길이라고 생각한다. 타인은 나와 비교하고 경쟁하는 대상이 아니라 겸손해지고 더 노력할 수 있게 만드는 꼭 필요한 존재란다. 네 인생의 주인으로 살아가되, 세상을 네 것으로 착각하지 마라. 인생은 결코 혼자의 힘으로 완벽하게 만들어가는 것이 아니야. 더불어 살아가야 해. "나처럼 살아라." 하면 간단한 것을 "나처럼 살지 마라."로 이어지니 이리 어렵고 힘들구나. 부디 너는 그리할 수 있는 삶을 살아가기를.
- 「가장 빛나고 아름다운 시간을 사는 딸에게」 중에서

　자신을 사랑하는 것이 타인을 사랑하는 근원이라는 깊은 사유를 제시한다. "나처럼 살아라" 대신 "나처럼 살지 마라"고 말하는 부모의 복잡한 심경을 통해 인생의 경험 전수가 얼마나 어려운 일인지 함축적으로 보여준다. 그 안에 녹아 있는 건 조건 없는 용서와 믿음이다. 가족의 사랑이 그늘이 아닌 빛의 잔향으로 남는 형태다. 삶의 무게를 견디며 자신을 사랑하라는 메시지는, 스스로를 소모 시켜온 부모의 깨달음이기도 하다.

세상의 먼지가 덮여도 깊은 곳에서 흐르는 그것, 그것은 운명의 사슬이 녹슬지 않도록 기름칠하는 혈육의 사랑이다. 그 사랑을 나는 가끔 잊는다. 아니 모른 척한다. 그리고 습관처럼 장부를 꺼내어 내 죄를 적는다. 죽을 때까지 단 한 줄도 지울 수 없는 장부다. 변명하지 않고 그대로를 기록한다. 어떤 죄일지라도 "그래, 그런 일이 있었구나." 고개를 끄덕이며 기꺼이 지워줄 가족이니까.

- 「고통의 시간은 직선으로 흐르지 않는다」 중에서

"죽을 때까지 단 한 줄도 지울 수 없는 장부"라는 개인의 죄의식을 제시한 후, 가족은 기꺼이 지워줄 존재라는 구원적 희망으로 귀결시킨다. 나의 죄를 기꺼이 지워줄 가족이 있기에 인간은 버틸 수 있다. 가족은 인간의 불완전함을 덮어주는 마지막 안식처다. 그늘 속에서도 사랑은 녹슬지 않도록 기름칠하는 힘으로 존재하는 것이다. 고통과 후회의 반복 속에서도 외부의 애정과 지지로 삶의 균형을 회복할 수 있음을 조용하고 힘 있게 드러내고 있다.

늙어버린 여자와 늙어가는 여자의 재회는 단조롭기 그지없다. 현관에서 거실까지 들어가는 찰나의 시간을 매일 오가는 알맹이 없는 통화처럼 몇 마디의 인사말로 지루하게 엮는다. 눈인사면 충분한 것을 알면서도 꼭 그리해야 하는 것처럼 토씨 하나 배먹지 않고 복사해서 붙이는 인사말. 반짝반짝 빛나던 동그랗고 검은 눈은 그새 더 쪼그라들어 깊어진 고랑 사이로 숨었다. 흐릿한 렌즈만 피사체를 더듬으며 집요하게 따라온다. 셔터를 누를 생각조차 잊었으면서. 절로 터져 나오는 탄식. 늙어버린 여자의 봄 한 조각을 불러내어 감질나게 위로하는 척하더니 가까운 가을을 뭉텅 잘라 가차 없는 슬픔을 척

엊어주는 회상 때문이다. 한 사람에 대한 기억은 도대체 어디까지일까. 어머니의 기억은 아직 봄 언저리를 맴돌고 있다. 하지만 이미 늙어버린 내 어머니와 늙어가는 나의 육신은 가을을 뒤로하고 겨울을 마중 나와 나란히 서 있다.
- 「물들어가는」 중에서

어머니의 기억은 봄 언저리에 맴돌지만, 현실의 몸은 가을을 뒤로하고 겨울을 마중 나서는 시간의 비동기성(非同期性)을 절절하게 표현하고 있다. 어머니와 딸의 관계는 대화 대신 반복되는 형식적 인사로 대체되고, 그 안에서 관계의 열기가 식어간다. 하지만 저자는 그 시간의 마모를 통해 사랑의 또 다른 얼굴, 오래된 동행의 고요한 온기를 포착한다. 어머니와 자신의 육체적 시간 차이와 기억의 불일치를 통해, 저자는 인간 존재의 필연적 노화와 관계 속에서 느끼는 슬픔 그리고 그것을 마주하는 성찰적 태도를 드러낸다. 물들어가는 것은 늙음이 아니라 서로에게 스며드는 마지막 사랑의 흔적이다.

희미해져 가던 비둘기호의 뒷모습처럼, 선물 보따리를 풀 때의 그 두근거림과 비석거리로 내달리던 애타는 기다림은 이제 희미한 추억이 되었다. 가까운 곳에 모여 살다 보니 명절이라고 특별한 것도 없다. 외국에 나가 있는 두 동생 가족을 제외하고 나머지 육 남매의 가족이 한자리에 모여 식사하고 오랜만에 북적거리는 대가족을 실감하게 되는 날이 되었다. 부모님과 동생들의 기억 속에도 애달팠던 내 여정이 조금이나마 남아있을까? 내게는 아직도 비둘기호의 기적이 생생히 들려오는데….
- 「비둘기호의 기적소리는 지금도 살아있다」 중에서

가족의 기억은 언제나 빛과 어둠이 공존한다. 그늘에 잠긴다는 것은 그 어둠 속에서 자신을 다시 발견하는 일이며, 가족과의 관계 속에서 기억의 공유와 존재 확인을 탐색한다. 육 남매와 부모님이 한자리에 모이는 장면은 서로의 존재와 삶의 흔적을 확인하는 시간으로 기능한다. "비둘기호의 기적이 생생히 들려온다"고 말하는 마지막 구절은, 어린 시절의 감정이 여전히 내면에 살아 숨 쉬고 있으며, 가족 간의 기억과 감정이 세대를 넘어 지속됨을 시적으로 보여준다.

3. 삶, 시간을 비추는 거울의 형상

지나온 삶은 현재의 나를 구성하는 기억의 질서이자 내면의 지형이다. 과거의 선택과 경험, 관계 속에서 형성된 감정의 결은 지금의 사고방식과 가치관을 결정짓는 근원이 된다. 과거는 이미 지나간 것이 아니라, 지금 이 순간에도 의식의 심층에서 작동하며 나의 판단과 행동을 이끄는 보이지 않는 틀로 작용한다. 따라서 '현재의 나'는 과거의 총합이라기보다, 그 기억들을 어떤 시선으로 재해석하고 수용하느냐에 따라 끊임없이 새롭게 쓰이는 존재라 할 수 있다.

앞으로의 삶 또한 과거의 연장선에서 이해될 때, 보다 깊은 자기 인식과 방향성을 획득한다. 과거의 나는 시행착오와 상처 속에서 배운 나였고, 그 경험이야말로 미래의 나를 지탱할 내적 근육이 된다. 과거의 흔적을 부정하거나 망각하는 것이 아니라, 그 안에서 나를 일으켜 세운 의미를 재발견할 때, 삶은 단절이 아닌 연속의 서사로 완성된다.

항아리 속 바다에 꽃잎 배를 띄우고

결국 '지나온 나'와 '현재의 나', 그리고 '앞으로의 나'는 서로 분리된 존재가 아니라, 하나의 내면적 연극 속에서 서로를 비추는 거울의 형상이다.

우여곡절 없는 사람이 어디 있을까. 내 인생을 돌아보는 것은 지극히 주관적인 해석이지. 주변에는 제법 많은 사람이 있어. 하지만 그들은 우연히 나와 같은 길을 가거나 같은 공간에 머물고 있을 뿐 내 길을 함께 가고 있지는 않아. 내가 그렇듯 그들 또한 나에게 그리 신경 쓰지도 않고 자신을 걱정하고 사랑하기에 바쁜 사람들이지. 나를 안다고 말하겠지만 내가 보여주는 것이 다야. 나머지는 그들의 짐작과 선입견이지. 결국 세상에 나를 제대로 아는 사람은 단 한 사람도 없다는 결론이 나오네. 혼자임을 기꺼이 받아들여야지. 혼자여야 자유로우니까. 온전한 내 삶을 여는 암호는 '자유'라는 두 글자니까.
- 「그것은 인생」 중에서

주변의 관계들은 우연히 같은 공간에 머무는 사람들로 한정되며, 진정한 이해나 교감은 부재한다. 하지만 저자는 그 고독을 절망이 아니라 자유의 조건으로 인식한다. 혼자임을 기꺼이 받아들이는 태도 속에는 세상과의 거리를 확보하려는 자기 구원의 의지가 드러난다. 인간 존재의 고독과 자유의 본질을 사유적으로 탐색한 내면의 독백으로 읽힌다. 즉, 타인과의 연결은 필연적으로 우연의 산물일 뿐, 각자는 결국 자신만의 세계 속에서 살아가는 독립적 존재임을 깨닫는다. 그러나 이 고독은 절망이 아니라 해방의 문으로 이어진다. 외로움 속에서도 자기 존재의 주권을 되찾으려는 의지의 선언이다.

인생은 고통과 행복을 비벼 꼰 새끼줄이다. 행복한 순간 아픔을 동시에 느끼는 이유다. 그 어떤 것도 한자리에 머무는 것은 없다. 그러니 어디에도 나를 엮지 않고 유연하게 살아갈 것이다. 내 생각이 아닌 생각들이 나를 더 이상 지배하지 못하도록. '너는 너무 생각이 많아' 다정함이 가득한 얼굴로 나를 걱정하는 말이다. 하지만 괜한 참견이다. 지금 나에게 남은 과제는 결과가 아니다. 하루를 살아도 내가 믿고 결정한 삶을 살아가는 것이다.

- 「나로 살아가는 법」 중에서

　인생의 변화를 수용하며, 외부의 시선보다 내적 확신에 기반한 삶을 추구하려는 태도가 돋보인다. 인생을 고통과 행복이 맞물려 있는 이중적 실체로 바라보며, 그 안에서 '자기 주체성'을 회복하려는 내적 성찰의 서사로 읽힌다. 새끼줄이라는 은유는 인생의 질긴 연속성과 복잡한 감정의 결을 드러내며, 행복과 고통이 서로 얽혀야만 '삶'이라는 질감이 완성된다는 깨달음으로 이어진다. 저자는 타인의 평가나 기준에서 벗어나 유연하면서도 자기 확신에 근거한 삶을 선택하려 한다. 흔들리되 휘어지지 않는 자아의 자세, 스스로를 믿는 유연한 강인함에 대한 서정적 성찰이라 할 수 있다.

　이상적인 가정에서 원(願) 없이 누리며 살아보고 싶다. 하지만 완전해 보이는 것은 내 것이 아니요, 때로는 가짜일 수 있음을 나는 이미 알고 있다. 가질 수 없는 것은 내려놓자. 어차피 내 마음대로 되는 일은 극히 제한적이다. 장기적인 계획과 큰 꿈도 얼마나 부질없는 것인지 지나온 생에서 충분히 맛보았다. 그저 내가 하고 싶은 일을 쳐다보기조차 싫어질 때까지 해보자. 남은 시간과 성패를 가늠하며 망설이지 말고.

- 「다시 태어난다면」 중에서

　　　　　　　　　　　　　　　　　　　　한아리 속 바다에 꽃잎 배를 띄우고

내려놓음의 철학을 드러내는 이 글은 완전함이나 이상적인 삶에 대한 욕망을 부질없는 것으로 인식하고, 현실의 제약 안에서 하고 싶은 일을 끝까지 해보는 실천의 윤리를 선택한다. 불가능을 인정하면서도 포기하지 않는 태도는 담담하지만 단단하다.

이 세상에서 나 자신보다 이해하기 어려운 것은 없다. 살펴볼수록 기형적인 모습이다. 태내에서부터 어른이 되기까지의 정상적인 발달 과정은 건너뛰고 결핍을 채우려는 욕망만 자랐다. 흙수저의 굴레는 발버둥 칠수록 삼끈처럼 질기게 나를 옭아맸다. 이른 새벽부터 하루가 저무는 순간까지 냉혹한 운명에 맞서 하룻강아지처럼 맹렬히 짖어대며 덤볐다. 그러다가 멈춰 선 그날, 도저히 손에 넣을 수 없는 욕망을 내려놓고 나를 옭매고 있는 모든 매듭을 풀었다. 선택이 아닌 운명에 의해 나와 연결된 사람들. 그들을 조금씩 밀어내며 멀어지고 있는 것은 자연의 흐름과 같다. 내가 삭아 사라져도 그들은 자신의 운명에 맞서거나 순응하며 잘 살아갈 것이다.
- 「삭풍이 지나간 뒤」 중에서

욕망을 내려놓는 행위는 체념이 아니라 삶의 균형을 되찾는 회복의 과정으로 읽힌다. 사회적 굴레와 인간관계의 인연을 자연의 흐름처럼 받아들이는 태도는 숙명론적이면서도 평화롭다. 저자는 자신을 "기형적인 존재"라 명명하며, 성장의 불균형 속에서 욕망만 비대해진 내면의 상처를 드러낸다. "흙수저의 굴레"와 "삼끈처럼 질기게 옭아맨다"는 표현은 사회적 조건이 개인의 자유를 억압하는 구조적 현실을 상징한다. 그러나 저자는 냉혹한 운명과의 싸움 속에서 '포기'가 아닌 '해방'의 순간을 맞이한다. 그래서 "매듭을 풀었다"는 문장은 내면의 집착과 타인에 대한 의존을 끊고, 스스로를 운명의 흐름 속에 놓아주는 통찰의 순간이다.

내 머릿속에는 지우고 싶은 기억마저 안전하게 저장된 개인용 클라우드가 있다. 필요한 기억은 숨고, 방심한 사이 떠올리고 싶지 않은 기억이 불쑥 튀어나와 마음을 어지럽게 한다. 잘 살아왔다면 마음이 어지러울 이유가 있을까. 하지만 아쉽게도 수많은 시행착오를 거쳐 지금의 내가 있다. 지금으로써는 방법이 없다. 돌아갈 수도, 돌이킬 수도 없기 때문이다. 내 마음속에서 놓아주는 것, 그리고 같은 실수를 되풀이하지 않도록 경계하는 것이 최선이다. 이제 인생의 기록을 쌓아가며 짐을 만드는 것보다는 적절히 지우고 삭제할 줄 아는 지혜로움이 필요한 나이가 되었다. 안경 위에 또 안경을 걸쳐 쓰고, 손에 든 물건을 찾거나 냉장고 문을 열고 멍청히 서 있는 일이 잦아졌다.
- 「이별은 노래처럼」 중에서

'클라우드'라는 현대적 이미지로 기억의 축적과 삭제를 표현하며, 살아온 시간의 무게를 기술적 은유로 녹여낸 점이 인상적이다. '기억'이라는 인간의 내면적 데이터베이스를 통해, 삶의 덧없음과 성숙의 의미를 사유하는 성찰적인 글이다. 저자는 기억을 개인용 클라우드에 비유함으로써, 디지털적 이미지로 인간의 의식 구조를 현대적으로 형상화한다. 그러나 그 클라우드는 결코 완벽한 저장소가 아니다. 지우고 싶은 기억이 남고, 간직하고 싶은 순간은 사라지는 아이러니 속에서 그는 자신을 반추한다. 기억과 망각의 경계에서 인간이 어떻게 자기 자신을 치유하고, 다시 살아갈 힘을 얻는가에 대한 조용한 성찰의 기록이다.

작은 내 세상 안에 반짝이는 행복이 있다. 때로는 반짝이는 줄도 모르고 지나치지만 그래도 내 세상 어딘가에 고인다. 원하는 것을 찾아가고 좋아하는 것을 즐기며 나와 나를 잇는 과정에 집중한다. 진짜 적은 두려움과 분노를 먹고 자란 내 안의 적의(敵意)다. 제대로 잘 살지 못한 나를 너그럽게 끝없이 용서한다. 흐르는 시간 속에서 그 흐름을 느끼지 못한 채 과거에 붙잡혀 있는 것은 무너지는 인간이다. 상처의 기억이 남은 내 삶을 지배하지 않도록 시간의 흐름을 따라 힘을 빼고 천천히 앞으로 나아갈 것이다. 삶의 끝에서 다시 마주하게 된 기억은 아프지 않도록.

- 「힘 빼고 천천히」 중에서

저자는 외부의 경쟁이나 불안보다, 자신 안의 적의(敵意) -즉 두려움과 분노-를 가장 큰 적으로 규정하며 내면의 화해를 시도한다. 상처와 분노를 넘어 자기 자신을 너그럽게 용서하며, 느림 속에서 진정한 자유와 평온을 찾아가는 인간의 성숙한 자세를 노래한다. 그는 자기 삶을 외부의 시선이 아닌 내면의 관찰자로서 바라보며, 그 과정에서 인간 존재의 근원적 외로움을 자유로 변환시킨다. 이는 고통을 미화하지 않으면서도, 고통을 삶의 본질로 수용하려는 철학적 성숙을 보여준다.

4. 지금, 네 가지 표정을 통한 현재의 발견

삶은 네 개의 얼굴을 가진 거울 같다. 하나는 과거의 침잠 속에서 스스로를 비추는 기억의 얼굴이고, 또 하나는 불확실한 오늘을 살아내며 흔들리는 현재의 얼굴이다. 세 번째 얼굴은 그 불안을 벗어나기 위해 길 위로 나서는 방랑의 표정이며, 마지막 얼굴은 다시 돌아온 일상 속에서 작고 선명한 의미를 발견하는 평온의 얼굴이다. 우리는 이 네 얼굴을 오가며 비로소 '지금'이라는 시간을 이해하게 된다. 방황이 끝나야 비로소 일상의 온기가 보이고, 불안이 지나야 존재의 자리가 드러난다. 결국 현재란, 과거와 방랑을 통과해 도착한 가장 깊은 자기의 초상이다.

돌이켜 보면 나는 늘 끄적이며 듣는 이 없는 이야기를 두서없이 써 내려가곤 했다. 낙서는 문장이 되고 문장이 이어져 글이 되었다. 내가 쓴 글의 대부분은 부끄러운 어제의 이야기 모음이다. 아프고, 뼈아픈 후회가 꿈틀거리는. 나는 글의 형식을 잘 알지도 못하고 쓴다. 잘 쓴 글을 흉내 낼 수도, 따라 할 수도 없는 무지렁이 글쟁이다. 따라서 내 글은 그저 끄적임이라고 생각한다. 하지만 그 끄적임 속에서 비로소 나는 거침없고 자유로운 나를 본다. 고쳐 쓸 수 없는 나를 다듬어 가는 과정, 바로 끄적이는 시간이다.
- 「그저 끄적임」 중에서

글쓰기 행위가 필자에게 '자유'로 작용하는 이유는, 그것이 세상과 타인의 시선으로부터 벗어나 오롯이 자신에게 귀 기울이는 행위이기 때문이다. 자신을 "무지렁이 글쟁이"라 낮추지만, 바로 그 무지(無知)의 상태야말로 글쓰기를 순수한 자기표현의 영역으로 만들어 준다. 글을 쓰는 동안 그는 평가나 규범, 완성의 압박에서 벗어나 있는 그대로의 자신을 인정한다. 이때의 자유는 외부로부터 주어지는 해방이 아니라, 내면의 억압과 자기검열로부터 자신을 풀어주는 '내적 해방'이다. 글을 통해 그는 고쳐 쓸 수 없는 자신을 다듬고, 아픔과 후회를 다시 마주하며 그것을 언어로 녹인다. 이때 글쓰기는 상처를 해석하고 의미를 부여하는 자기 구원의 행위가 된다. 그러므로 저자에게 글쓰기란, 결핍으로부터 벗어나는 해방이 아니라 결핍을 끌어안음으로써 얻는 자유, 즉 '자기 존재의 긍정'으로 완성된다.

어떤 일이든 처음과 시작이 있기 마련이다. 하지만 처음은 언제나 두렵다. 잘 해낼 수 있다는 자신감은 내려놓고 먼저 실패감을 가불하여 쓴다. 모든 경우의 수를 실패 하나로 모아 미리 걱정하며 전전긍긍하는 것이다. 가만있으면 중간이라도 간다고 했다. 허점투성이인 내가 실패를 피할 수 있는 유일한 방법은 가만히 숨어 있는 것이다. 하지만 그것은 나에게 숨도 크게 쉬지 말라는 얘기와 같다. 다행인지 불행인지 나는 겁이 많아도 가만히 숨어 있는 성격은 아니다. 앞으로 나아가야 허겁지겁 숨을 쉬고, 나 여기 있노라 하고 나서야 직성이 풀린다. 겁이 많은 것도 '나'이지만 나대는 것도 '나'다. 해놓고 후회, 미리 포기하고 후회. 어차피 후회는 피할 수 없다. 단언컨대 나는 미리 포기한 일보다 시도해 본 일이 더 많다. 당연히 쓰라린 실패의 기억도 많다. 발꿈치에 후회가 졸래졸래 따라붙는다. 하지만 그 모든 경험은 나에게 적잖은 지혜를 보태고 새로운 도전의 엔진이 되어준다.
- 「처음 그리고 시작」 중에서

저자는 실패와 후회를 피하려는 마음을 솔직하게 인정하면서도, 실제로 시도하고 겪은 경험 속에서 얻는 지혜와 통찰에 주목한다. "발꿈치에 후회가 졸래졸래 따라붙는다"는 표현은 후회가 언제나 동행하지만, 그것이 행동을 막는 장애물이 아니라 다음 도전을 위한 안내자임을 보여준다. 후회는 과거의 실수를 상기시키는 부정적 힘이 아니라, 자신의 한계를 인식하고, 자기 선택을 책임지며, 더 나은 판단과 용기를 만들어내는 성숙의 촉매제 역할을 한다. 후회 속에서도 앞으로 나아가는 삶의 동력을 발견하며, 그것을 성장과 경험의 일부로 적극 수용하는 것이다.

봄의 달음박질은 머뭇거림이 없다. 꿈길 같은 꽃길도 꽃비가 지나간 뒤 초록으로 물들어간다. 콩알만 한 열매가 꽃자리를 차지했다. 짧은 만큼 귀히 여겨지는 봄의 흔적이다. 영원한 것은 지루함이 묻어있다. 영원하다면 매해 어김없이 찾아오는 봄을 향한 기다림이 이만큼 간절할까? 아픈 청춘을 아름답다고 하는 이유도 짧기 때문은 아닐까. 스치듯 지나가는 봄아, 외로운 풀꽃아, 스쳐 가버린 청춘! 아직 봄이야.
- 「풀꽃 이야기」 중에서

봄의 생동을 "달음박질"과 "꽃비"로 생생하게 묘사하며, 순간의 아름다움이 영원과 대비될 때 비로소 그 가치가 드러난다는 점을 강조한다. "콩알만 한 열매가 꽃자리를 차지했다"라는 표현은 작고 소박한 존재조차 삶에서 의미를 지니며, 짧은 순간이기에 더욱 귀하게 여겨진다는 통찰을 전한다. 덧없음 속에서 가치가 드러나는 경험은 인간의 감정과 인식에 집중과 선명함, 그리고 감정의 강도를 높이는 역할을 한다. 영원히 지속되는 것에는 익숙함과 무감각이 따라오지만, 순간적으로 스쳐가는 경험은 희소성 때문에 마음에 강하게 새겨진다. 이때 인간은 그 경험의 의미와 소중함을 의식적으로 재조명하게

항아리 속 바다에 꽃잎 배를 띄우고

되는 것이다.

　내 바람과 자꾸만 엇갈리는 세상에서 어쩌다 보니 어른이 되었다. 누군가
힘이 되어줄 것이라는 기대가 허물어지고, 가능하리라 믿었던 작은 꿈마저
모두 떠나보낸 후, 어정쩡한 어른 흉내를 내는 허깨비가 되었다. 잘 알지 못하
면서 마치 다 알고 있는 듯 고개만 주억거리며 사람 좋은 미소로 호응한다. 어
느 곳에서나 적절해 보이는 모습을 그린다. 머릿속은 생각이 들끓고 제멋대
로 뒤엉켜도 곧 잠잠해지기를 혹은, 한쪽의 승리로 기울기를 기다릴 뿐 중심
에서 벗어나 주변에 머무는 것이 익숙하다. 관계 중심적인 사고는 맞춤옷처
럼 들러붙어 내 정신을 지배한다. 내 삶에서 단절되고 밀려나는 느낌에 화들
짝 정신을 차려보지만 불편한 관계는 늘 피하고만 싶다. 간장 종지가 커다란
물항아리를 자꾸만 흉내 낸다. 불만이 터질 듯 부풀어도 감추고 사람 좋은 척
은 다 한다. 마지못해 양보를 거듭하다 보면 무조건 따르는 사람이 되어 있다.
- 「페르소나」 중에서

　저자는 어른이 된 후 경험하는 허깨비 같은 자기 모습을 솔직하게
드러내며, 관계 중심적 사고와 타인의 시선 속에서 자신의 정체성이
흔들리는 순간들을 묘사한다. "간장 종지가 커다란 물항아리를 흉내
낸다"는 비유는 내적 불만과 외적 억압 사이의 괴리를 시각적으로 보
여준다. 일상 속 위선과 가식이 단순한 사회적 교양으로 포장되는 모
습을 드러내고 있다. 그러나 글은 단순한 자기 불만의 나열에 머무르
지 않고, "숨 쉬는 모든 것들은 본연의 모습으로 생긴 그대로 살아가
는 것이 세상의 이치"라는 깨달음으로 나아간다. 이는 자기 존재의
본질을 깨닫고 사회적 가면에서 벗어나려는 성숙한 자기 인식의 표

현이다. 독자에게 자기 존재와 삶의 주체성을 회복하려는 강렬한 결의와 용기를 전달하고 있다.

4. 나가는 말

김명희의 글쓰기는 내면세계를 항아리 속 바다에 비유함으로써, 개인적 기억과 감각을 섬세하게 관찰하는 정신적 항해로 이해할 수 있다. 작품들은 일상의 잔잔한 파도와 기억의 출렁임 속에서 떠다니는 작은 꽃잎 배와 같아서 외로움과 그리움, 회한의 정서를 섬세히 포착한다. 이러한 비유는 단순히 시적 장치가 아니라, 글쓰기의 행위가 화자의 내면적 성찰과 감정의 구조를 드러내는 표현적 장치임을 보여준다. 독자는 이를 통해, 작가가 의도한 바와 같이 글 속 작은 배가 타인의 마음에 잠시나마 일렁이는 바람이 되는 순간을 경험하게 된다.

더 나아가 작품집 전체를 관통하는 주제는, 기억과 삶의 조우, 그리고 내면적 바다와의 화해로 요약할 수 있다. 그는 천천히 나아가는 작은 배 위에서 지나간 인연과 경험을 싣고, 자신의 삶과 감정을 조망한다. 이러한 글쓰기 방식은 개인적 경험을 보편적 정서로 전환하며 독자에게 내면의 사유와 감정적 공감, 삶의 흔적을 되새기는 성찰적 여유를 제공한다. 따라서 이 수필집은 기억과 존재, 인간 관계에 대한 사유적 탐구이자, 저자의 문학적 정체성을 입증하는 내면의 항해 기록으로 평가될 수 있다.

김명희 수필가는 자기 앞의 생을 성실하게 수행하고 있는 작가다.

항아리 속 바다에 꽃잎 배를 띄우고

이번에 상재한 수필집『항아리 속 바다에 꽃잎 배를 띄우고』는 한 개인의 이야기를 넘어, 인간이 시간 속에서 어떻게 자신을 이해하고 회복하는가에 대한 철학적 탐구를 보여준다. 그의 글에서 과거는 단순한 회상이 아니라, 현재를 지탱하는 근원으로 기능한다. 기억의 그림자 속에서 그는 자신을 되돌아보고, 그 회한의 온기를 통해 오늘의 불안을 감내한다.

그의 문장은 늘 "사라짐을 통해 살아남는 법"을 묻는다. 그것은 상실이 아니라 성찰이며, 머무름이 아니라 다시 나아가기 위한 준비의 시간이다. 거창한 깨달음이 아닌, 시간의 무게를 견뎌낸 이만이 포착할 수 있는 잔잔한 생의 온기다. 과거의 침잠을 통과하고, 불확실한 삶의 흐름을 건너며, 방랑의 길을 걸은 후 비로소 마주하는 일상의 평온. 김명희의 글은 이 과정을 통해 '살아 있음'의 본질을 묻는다. 삶의 모든 순간은 이미 하나의 여정이며, 그 여정의 끝은 언제나 지금, 바로 이 자리다.

항아리 속 바다에 꽃잎 배를 띄우고

오늘도 나는 돌아온 기억의 향기 속에 머문다.

항아리 속 바다에 꽃잎 배를 띄우고

김명희 수필집

susukeki